Felix Feuerwand

Backpacker unterwegs.
Ein Monat in Südamerika

Spannende Städte, schöne Frauen, abenteuerliche Grenzüberquerungen

Bibliografische Information der Deutschen Nationalbibliothek:

Die Deutsche Nationalbibliothek verzeichnet diese Publikation in der Deutschen Nationalbibliografie; detaillierte bibliografische Daten sind im Internet über http://dnb.d-nb.de abrufbar.

Impressum:

Lektorat: Caroline Schnitzer

Korrektorat: Bettina Breitenberger, Elena Zharikova

Copyright © 2016 GRIN & Travel

Ein Imprint des GRIN Verlags, Open Publishing GmbH

Zurück nach Südamerika – erste Station Venezuela

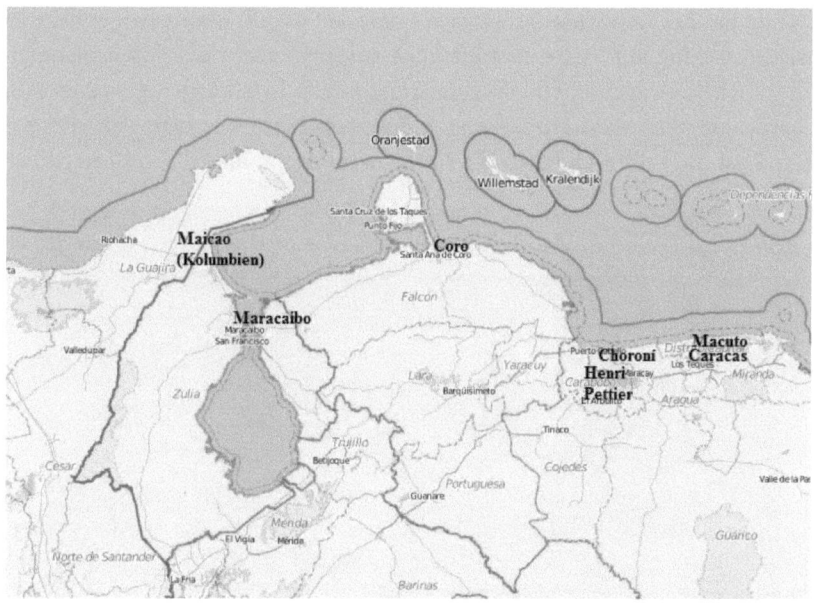

Gespannte Vorfreude ließ ein Kribbeln in mir hochsteigen: In wenigen Stunden wollte ich meinen Fuß nach vier Jahren endlich wieder auf den südamerikanischen Kontinent setzen. Bei meiner letzten Reise hatte ich mir sechs Monate Zeit genommen, um von Argentinien über Chile, Peru, Paraguay, Brasilien und Ecuador bis nach Kolumbien zu reisen. Diesmal würde es leider nur ein Monat sein, dennoch wollte ich unbedingt Venezuela sehen, da ich letztes Mal nicht bis dorthin vorgedrungen war. Johannes, ein guter Freund von mir, war bereits seit einem Monat in Peru und Bolivien unterwegs und ich saß gerade im Flugzeug von Frankfurt nach Caracas. Wir wollten uns in Venezuela treffen und dann zusammen über Kolumbien bis nach Panama reisen. Von dort aus ging es für mich wieder zurück nach Deutschland, Johannes wollte im Anschluss noch ein halbes Jahr weiter um die Welt reisen.

Am 29. Juli 2012 landete ich gegen 15:30 Uhr in Caracas und Johannes kam drei Tage später von Lima aus dorthin geflogen. Wir wollten uns in vier Wochen von Venezuela über Kolumbien bis nach Panama City durchschlagen, von wo aus wir zurück nach Deutschland fliegen wollten.

Ich flog mit der Lufthansa direkt nach Caracas. Für 300 Euro weniger hätte es zwar einen Flug mit Iberia über die USA gegeben, aber mit Zwischenlandungen in den USA hatte ich nicht gerade die besten Erfahrungen gemacht. Auf ausgedehnte Sicherheitschecks und Fingerabdruckscanner hatte ich diesmal keine Lust. Da zahlte ich lieber die 300 Euro mehr, um mir all das zu ersparen.

Landung in Caracas

Wieder „on the road" zu sein, war ein unglaubliches Gefühl, trotzdem hatte ich zunächst einen Heidenrespekt vor Caracas. Auf den Listen der gefährlichsten Städte der Welt rangiert Caracas je nach Statistik zwischen Platz 1 und 3, auf jeden Fall immer weit vor Bagdad. Pro Wochenende gibt es 150-200 Morde, allerdings meist zwischen verfeindeten Banden in den Barrios, wie man die Elendsviertel dort nennt. Als Ausländer hat man recht gute Chancen, des Öfteren ausgeraubt zu werden, wahlweise von Dieben oder gerne auch von der Polizei. Es ist nicht wirklich sicher, wer von beiden gefährlicher ist.

Ich hatte hin und her überlegt, ob ich wirklich in die Stadt oder direkt vom Flughafen aus in einen anderen Ort fahren sollte. Schlussendlich nahm ich mir aber doch für zwei Tage ein Zimmer im Zentrum von Caracas. Immerhin war ich bisher in jeder südamerikanischen Hauptstadt gewesen und wollte einfach wissen, wie es dort ist. Irgendwas kribbelte da in mir und ich wollte dort einfach hin.

In Gedanken hatte ich mich schon darauf eingestellt, mindestens einmal ausgeraubt zu werden und mir eine billige Zweitkamera gekauft, die ich mir in Caracas im Ernstfall abnehmen lassen konnte. Aber auch ohne derartige Zwischenfälle war die Gefahr groß, dass die zwei Tage dort die Hälfte meines Venezuela-Budgets auffressen würden. Es ist einfach unglaublich, wie teuer Caracas ist. Die venezolanische Währung, der Boliviano, war im Jahr 2012 offiziell mit 1:4,3 an den Dollar gekoppelt, hatte aber eine jährliche Inflationsrate von 30 bis 40 %. Auf dem Schwarzmarkt bekam man meist einen besseren Kurs von 1:8 bis 1:10, weswegen ich mir die Taschen voller Dollars gepackt hatte, um diese dann schwarz zu tauschen. Aber selbst bei diesem vorteilhaften Kurs kosteten die günstigsten Absteigen in einer halbwegs sicheren Gegend mich umgerechnet 50 bis 60 Euro pro Nacht.

Ich reservierte ein Bett in einem 4er-Zimmer des Dal Bo Hostels im Zentrum für 38 Euro pro Nacht und war gespannt. Auf Hostelworld hatten alle vom netten Besitzer Gustavo geschwärmt, der so unglaublich gastfreundlich sein sollte. Erst einmal musste ich aber vom Flughafen aus heil dort hinkommen. Denn ich hatte gelesen, dass man als Reisender auch schon mal direkt entführt werden konnte, wenn man ins falsche Taxi stieg. Gustavo hatte mir per E-Mail den Rat gegeben, nur in die schwarzen Taxis mit den gelben Schildern zu steigen – diese seien sicher.

Das Abenteuer begann also recht rasant. Aber ich dachte mir, wenn ich Caracas überleben würde, dann sollte ich eigentlich alles schaffen.

Willkommen in Venezuela!

Caracas ... endlich drin!

Ich war mittendrin ... und ich lebte noch und hatte sogar noch alle Sachen!

Am Flughafen schnappte ich mir eines der schwarzen „Taxis officiales", die angeblich sicher sein sollten: Trotzdem hatte ich ein etwas mulmiges Gefühl. Ich fragte den Fahrer, wie es momentan mit der Sicherheit in Caracas aussähe und als er mit „un poco malito" („ein bisschen angeschlagen") antwortete, fühlte ich mich nicht gerade besser. Ich verteilte sämtliche meiner Wertsachen und Geldscheine so verstreut wie möglich in meinem Gepäck und ließ Caracas auf mich zukommen.

Caracas vom Taxi aus

Die nächste Herausforderung war der Weg zum Hostel. Es lag in einer Fuß-gängerzone, sodass das Taxi ungefähr hundert Meter weit weg halten und ich das restliche Stück laufen musste. Ein Überfall wäre auf diesen hundert Metern mit meinem ganzen Gepäck sehr schmerzhaft gewesen. Ich sprang also aus dem Taxi und marschierte im Stechschritt zur rettenden Tür, klingelte zwei-mal, dann stand endlich Gustavo vor mir, der mir in diesem Moment wie der Heiland vorkam.

Straßenszene in Caracas

Zwei Stunden später musste ich wieder einmal feststellen, dass nichts so heiß gegessen wird, wie es gekocht wird. Gustavo zeigte mir mein Zimmer, spendierte Bier und verbreitete eine dicke Portion gute Laune. Dann lernte ich meine beiden Zimmergenossen kennen, einen Brasilianer und eine Australierin. Direkt um die Ecke stieg gerade ein kostenloses Konzert mitten im Zentrum von Caracas. Gustavo schleppte mich und die beiden direkt dorthin und plötzlich waren wir mittendrin: Musik, schöne Frauen, Polizisten, Soldaten, Jongleure, finster aussehende Typen – alles auf einmal.

Ich liebe diesen Kontinent einfach! Ich schaute mich staunend um und wechselte sogar ein paar Sätze mit einer schönen Brasilianerin. Dann schleppte uns Gustavo aber direkt wieder ins Hostel, stellte frisches Bier auf den Tisch und begann zu grillen.

Partyeinstand

Wir bekamen riesige Fleischstücke serviert und noch mehr Biere, alles kostenlos von Gustavo spendiert, er war einfach unglaublich! Meine Zimmergenossen waren ein Paar. Den Brasilianer fand ich ziemlich entspannt, aber die Australierin hatte ich ehrlich gesagt ein bisschen gefressen. Paare sind für Single-Reisende zwar immer wie eine Spezies von einem anderen Stern, aber diese Frau ging wirklich gar nicht. Sie schaute die ganze Zeit wie sieben Tage Regenwetter und wenn sie dann doch mal etwas erzählte, drehte es sich um die neuesten Neuigkeiten aus Twilight, die sie gerade im Internet gelesen hatte.. Da hätte sie auch gleich zu Hause bleiben können.

Wie es für reisende Paare so üblich ist, sind die beiden früh ins Bett gegangen. Ich ging allerdings mit Gustavo wieder zurück zum Open-Air-Konzert. Unter jungen Leuten schien Staatpräsident Hugo Chávez recht beliebt zu sein. Bis zu den Wahlen war es noch ein Monat und ich sah überall T-Shirts mit Sprüchen wie „Chávez ist wie du" oder „Mein Herz schlägt für Chávez".

Gustavo und ich zischten noch ein paar Bierchen, lernten ein paar Mädels kennen und hatten richtig Spaß. Eine hatte es mir wirklich angetan: Sie hatte wunderschöne braune Haut, dunkle Locken und geradlinig schnoddrige Art, die sie irgendwie interessant machte. Ich kaufte für uns alle eine Flasche Schnaps und schäkerte mit der Schönen ein bisschen rum.

Irgendwann war das Konzert zu Ende und ich habe nur noch dunkel in Erinnerung, dass wir an irgendeinem Kiosk standen und ich größere Mengen Bier für Gustavo, mich und die Mädels gekauft habe. Mein Mädel wollte plötzlich nach Hause und ich wollte am liebsten mit. Gustavo aber zerrte mich weg und schleppte mich zurück ins Hostel. Am nächsten Morgen meinte er, dass sie im Barrio leben würde und ich dort mindestens ausgeraubt, vielleicht aber auch um die Ecke gebracht worden wäre.

Im Hostel war ich dann irgendwie ziemlich durch den Wind: Ich hatte mich im Bad eingeschlossen, aber das Licht nicht angeschaltet und wusste auf einmal nicht mehr, wo ich war. Jetlag, Schnaps und Caracas in Kombination hatten mich wohl irgendwie fast ausgeknockt. Auf jeden Fall bekam ich die Tür nicht mehr auf, wusste nicht, ob ich im Hostel oder irgendwo anders war, und habe wild um mich geschlagen, bis mich mein brasilianischer Zimmergenosse schließlich befreit hat.

Bei der Aktion war einiges zu Bruch gegangen und in der Früh war mir das Ganze echt peinlich. Gustavo war aber entspannt wie immer und meinte nur „tranquilo" („ruhig"). Er hatte schon alles repariert und wollte mir sogar das Geld für das Bier wiedergeben, das ich am Vorabend ausgegeben hatte – natürlich habe ich das nicht akzeptiert.

Ein Tag im Zentrum von Caracas

Gegen Mittag wagte ich mich in die Höhle des Löwen und spazierte ein bisschen im Zentrum herum. Die Architektur ist eine Mischung aus alten Kolonialbauten und dazwischengesetzten hässlichen Betonklötzen. Richtig schön fand ich das Ganze zwar nicht, aber es war trotzdem gut, es mal gesehen zu haben.

Apropos schön: So richtig schön fand ich die Venezolanerinnen. Sie gewinnen ja regelmäßig alle Schönheitswettbewerbe und das auch aus gutem Grund. Auf der Straße sah eine umwerfender als die andere aus. Ich hatte allerdings gedacht, dass ich als großer Blonder in einem Land mit wenigen Touristen der Star der Straße sein würde. Dem war leider nicht so, die meisten würdigten mich keines Blickes. Überhaupt war der Umgang der Menschen miteinander ziemlich ruppig und unfreundlich. Die eine oder andere Ausnahme gab es natürlich, aber ich hoffte, dass es außerhalb von Caracas ein bisschen entspanner werden würde.

Ein kleines Abenteuer war der Umtausch des Geldes: Der offizielle Kurs von 1:4,30 pro Dollar war indiskutabel, also musste ich irgendwo schwarz tauschen. Auf der Straße wurde man zwar überall angesprochen, aber dort zu tauschen, soll ziemlich gefährlich sein. Falschgeld, Raub, das Übliche eben. Deswegen fragte ich lieber eine vertrauenswürdig aussehende Kioskverkäuferin, ob sie wüsste, wo man sicher Geld tauschen könnte. Sie meinte, auf keinen Fall auf der Straße, und winkte einen Typen aus einem Geschäft gegenüber heran. Der schleppte mich in eine Einkaufspassage und fragte, was ich tauschen wolle. Ich meinte, ich wolle 400 Bolivares für 50 Dollar haben, also 1:8. Er war einverstanden, schnappte sich meine 50 Dollar und machte Anstalten, damit wegzulaufen. Als ich protestierte, meinte er nur „Vertrau mir" und weg war er. Nach zehn Minuten kam er tatsächlich mit 400 echten Bolivares wieder und ich hatte endlich venezolanisches Geld in der Tasche.

Ich schaute mich noch ein bisschen um und lief durch die Straßen, die links und rechts mit Chávez-Plakaten gesäumt waren. Der Wahlkampf kam mir irgendwie leicht einseitig vor, es schien überhaupt keine Gegenkandidaten zu geben. Zumindest habe ich nicht ein einziges Plakat von jemandem anderen als Chávez während meiner Zeit in Caracas gesehen.

Chávez überall

Ein bunter Bus vor Chávez

Auf dem Plaza Bolivar sprach mich ein Sicherheitsmann an, der mal Deutsch studiert hatte und die Sprache gerne wieder einmal sprechen wollte. Als er mich fragte, was ich vom Präsidenten halte, wollte ich mich nicht zu weit aus dem Fenster lehnen und meinte, ich wüsste nicht viel über ihn. Da sagte er: „Verstehe, in eurem Land interessiert man sich nicht für unsere Politik." Das stimmte so natürlich nicht, aber mich auf eine Politikdiskussion einzulassen, war mir in diesem Moment zu heikel.

Plaza Bolivar

Abends habe ich Pabellon Criollo gegessen, ein venezolanisches Nationalge-richt. Es besteht aus Reis, schwarzen Bohnen, frittierten Bananen und „ge-schreddertem" Rindfleisch – bis auf die Bohnen fand ich es ziemlich lecker.

Seilbahn hoch, Seilbahn runter und dann endlich raus aus Caracas

In Caracas gibt es eine Seilbahn, die einen auf den über 2000 Meter hohen, dschungelartig bewachsenen Berg El Ávila bringt. Ich machte mich am nächs-ten Morgen auf den Weg dorthin, kaufte mir ein Ticket und stellte mich in eine relativ kurze Schlange. Kurze Zeit später fragte ich mich, was die Menschen-

17

massen wohl Wichtiges wollten, die ein paar Meter weiter in die andere Richtung anstanden. Wenige Minuten später wusste ich es: Meine Schlange wurde an der nächsten Kurve um die Ecke geleitet und ich stand mir die nächsten zwei Stunden die Beine in den Bauch.

Seilbahnen sind nicht unbedingt mein Lieblingsgefährt, aber nach der ewigen Warterei beschloss ich, meine Höhenangst an diesem Tag hinter mir zu lassen und mich zu entspannen. Nach ein paar Minuten ging das sogar ganz gut. Die Fahrt dauerte 20 Minuten, führte hoch über den Dschungel und es gab eine nette Aussicht von oben auf Caracas. Allerdings war dabei eher der Weg das Ziel, denn vom Gipfel aus waren hauptsächlich Wolken zu sehen.

Seilbahn auf den Berg El Ávila

Irgendwie scheinen Hauptstädte mit Seilbahnen immer dazu zu führen, dass sich kleine Mädchen mit mir fotografieren lassen wollen. Als ich bei meiner letzten Südamerika-Reise per Seilbahn vom Berg Cruz Loma zurück nach Quito fuhr, fand ich mich unversehens umringt von fünf ecuadorianischen Studentinnen im Geisterhaus eines Rummels wieder. Diesmal war ich plötzlich von fünf kichernden Mädchen umgeben, die auf einer Art Ferienfahrt waren

18

und alle ein Foto mit mir wollten. Sie kamen nicht aus Caracas und weckten in mir eine gewisse Hoffnung, dass die Menschen woanders in Venezuela etwas freundlicher wären. Sie waren ganz begeistert, dass ich Spanisch konnte, und wir haben ein Weilchen gequatscht. Hauptsächlich wollten sie wissen, welche venezolanischen Spezialitäten ich schon gegessen hatte – eine lustige Begegnung.

Wieder unten angekommen, regnete es in Strömen und ich wartete auf ein Taxi. Dabei lernte ich zwei – ja, tatsächlich – freundliche Menschen aus Caracas kennen: einen Kerl, der inzwischen in Schweden lebte und seine Familie besuchte, und ein Mädel aus Caracas. Sie boten mir an, mich mit dem Auto zurück in die Stadt zu fahren und weil sie recht metropolitan aussahen, schien das sicherheitstechnisch von meiner Seite aus auch klarzugehen. Sie brachten mich direkt nach Sabana Grande, wo ich als nächstes hinwollte – supernett von den beiden.

Regen im Viertel Sabana Grande

19

<u>Sabana Grande</u> ist ein alter Einkaufsboulevard, der im Reiseführer als ziemlich heruntergekommen und gefährlich beschrieben worden war. Ich machte mich deshalb auf einiges gefasst, fand es dann aber gar nicht so schmuddelig, wie ich befürchtet hatte. Ich hatte auch nicht das Gefühl, dass es besonders gefährlich wäre, man sollte sich einfach nicht paranoid machen lassen. Ich setzte mich in ein Restaurant und bekam, bevor ich überhaupt bestellt hatte, erst einmal ein kaltes Bier auf den Tisch gestellt. Sehr schön!

Meine nächste Station, <u>Altamira</u>, ist ein etwas schickerer Bezirk von Caracas, in dem sich das betuchtere Volk niedergelassen hat. Ich machte noch einen kurzen Abstecher dorthin und lief ein wenig durch die Straßen, sah aber nichts, was mich wirklich interessiert hätte, und fuhr schließlich zurück zum Hostel. Dort packte ich meine Sachen, verabschiedete mich von Gustavo und machte mich auf den Weg zur Busstation Gato Negro, von wo aus angeblich Busse nach Macuto fahren sollten, wo ich Johannes treffen wollte.

Ein etwas schickerer Bezirk von Caracas: Altamira

Die Sonne senkte sich schon langsam bedrohlich Richtung Horizont und ich stand mit zwei Rucksäcken beladen mitten in Caracas auf der Suche nach dem richtigen Bus. So richtig wohl fühlte ich mich dabei nicht – noch weniger, als ich nach zwei Runden um den Gato Negro immer noch so planlos wie zuvor war. Schließlich stellte sich heraus, dass die Busse bei zu viel Verkehr nicht dorthin fahren, und an dem Tag war eben einfach zu viel Verkehr.

An Taxis standen nur zwei blaue mit weißen Schildern da, sicher sind in der Stadt aber angeblich nur weiße mit gelben Schildern. Noch unsicherer wäre es allerdings gewesen, bei Einbruch der Dunkelheit mit sämtlichem Gepäck durch Caracas zu stolpern, also stieg ich für schweineteure 350 Bolivares (35 Euro) ein und war gespannt, ob ich entführt werden würde. Nachdem ich mit dem Taxifahrer ein paar nette Worte gewechselt hatte, fühlte ich mich aber einigermaßen sicher.

Im zähen Stadtverkehr kamen wir nur schleppend voran, aber nach zwei Stunden kamen wir schließlich in Macuto an, wo ich ein Zimmer reserviert hatte. Es war wieder ein erhebendes Gefühl, anzukommen und noch alle meine Sachen zu haben.

Ich muss sagen, dass ich froh war, aus Caracas raus zu sein. Die Stadt hatte auf mich keinen schönen Eindruck gemacht, die Stimmung war angespannt und ich traf nur wenige freundliche Leute. Allerdings kam es mir auch nicht wie die Hölle vor, als die es oft beschrieben wird, und ich bin froh, es mal gesehen zu haben.

Macuto ... ich muss hier schnellstens weg!

Als ich mich in Macuto ein wenig umgeschaut hatte, fragte ich mich plötzlich, wie ich auf die Schnapsidee gekommen war, hierhin zu fahren. Hauptsächlich hatte mich wohl der Strand angezogen, 30 Kilometer nördlich von Caracas war es der am schnellsten erreichbare. Ich wusste schon, dass es nicht der schönste sein würde, aber ein kleines bisschen Karibik-Flair hatte ich mir doch erwartet.

Strand von Macuto

Eigentlich wollte ich mich mit Johannes treffen und ein paar Tage ausruhen. Als ich allerdings in der Früh Richtung Strand schlenderte, traf mich fast der Schlag. Macuto ist ziemlich heruntergekommen, halb verfallen und der Strand nur ein Sandstreifen mit ein paar Steinen links und rechts. Das alleine hätte mich noch nicht gestört, wenn ein entspanntes Flair in der Luft gelegen hätte, aber die Leute schienen noch heruntergekommener zu sein als die Stadt: Unfreundliche Blicke, alkoholisierte Einwohner und grimmig dreinschauende Frauen erwarteten mich.

Streunende Hunde in Macuto

Nach einem kurzen Morgenspaziergang hatte ich nur noch einen Gedanken: Wie komme ich weg von hier und verhindere, dass Johannes und ich noch eine Nacht bleiben müssen?

Rast an einem schattigen Plätzchen

Ich schaute im Internet nach den nächsten Orten. Die Situation war nicht wirklich ideal, weil Johannes erst abends ankommen würde und wir mit Bussen um diese Uhrzeit nicht mehr sicher wegkämen mit unserem ganzen Gepäck. Aber dann erschien die Webseite einer Deutschen, die mir in diesem Moment wie ein Engel vorkam. Sie lebte seit 17 Jahren in Venezuela lebte und bot im 200 Kilometer entfernten Choroní, im Nationalpark Henri Pittier, direkt am Meer eine günstige Unterkunft an. Außerdem würde sie uns für 80 Euro einen Abholservice vom Flughafen organisieren. Nicht billig, aber die Fahrt dauerte auch einige Stunden und mit einer zusätzlichen Übernachtung wären wir auch nicht günstiger weggekommen.

Ich machte direkt am Telefon alles fix und rief Johannes an. Der stand schon am Flughafen in Lima und zum Glück erwischte ich ihn noch, bevor er ins Flugzeug stieg. Nichts konnte mich mehr in diesem Kaff halten, wo mir die Leute noch unfreundlicher vorkamen als in Caracas. Obwohl ich auch feststellen konnte, dass sie schnell auftauten, wenn man ein paar spanische Worte mit ihnen wechselte. Ich glaube, dort war man einfach überhaupt keine Touristen gewohnt. Um sich an mich zu gewöhnen, blieb ihnen aber auch keine Zeit mehr, denn zwei Stunden später machte ich mich aus dem Staub.

Schaurige Geschichten vom Taxifahrer

Von Macuto aus fuhr ich mit einem vom Hotel organisierten Fahrer zurück zum Flughafen von Caracas, wo ich auf Johannes wartete. Eigentlich wollte ich einen Bus nehmen, weil mir das Geld wie Sand zwischen den Fingern zerronnen war. Als mir die Autofahrt aber für 100 Bolivares (10 Euro) angeboten wurde, war ich schließlich einverstanden.

Für die 11 Kilometer von Macuto zum Flughafen brauchten wir eineinhalb Stunden, weil es einen Stau gab. Wir waren aber zum Glück rechtzeitig losgefahren. So blieb viel Zeit, mit dem gesprächigen Fahrer zu schwatzen. Ich war froh, nicht im Bus zu sitzen, denn er meinte, die Strecke sei sehr gefährlich, weil sie an vielen Barrios vorbeiführe. Ich fragte ihn ein bisschen über die Situation in den Barrios aus und hörte unglaubliche Geschichten.

Von der Straße aus ist alles einfach ein einziges Hütten- und Häusermeer an den Hängen. Er meinte jedoch hin und wieder: „Dieses Barrio ist sicher", und wenige Meter weiter, wo es ganz genauso aussah: „Wenn hier jemand seinen Fuß reinsetzt, den dort keiner kennt, wird er sofort erschossen." Zu einem anderen meinte er schließlich: „Hier war es bis vor kurzem sehr gefährlich, aber eines Nachts hat die Polizei das Barrio gestürmt und alle erschossen, jetzt ist es sauber und sicher." Und so ging es weiter: „Dieser Bürgersteig ist sicher, aber ...", ein paar Meter weiter: „ ... auf diesem würdest du als Tourist erschossen."

Grüne Hügel …

… und Elendsviertel.

Der Fahrer meinte, dass er bei Nachtfahrten auf der gleichen Strecke alle paar Meter von der Polizei angehalten würde. Ich erwiderte, dass das ja nervig sei, aber er sagte nur: „Bevor das so war, standen Typen mit Knarren auf der Straße und haben den Leuten die Autos geklaut."

Irgendwann erzählte ich, dass ich gestern um 17:30 Uhr Runden um den Gato Negro in Caracas gedreht und vergeblich nach einem Bus nach Macuto gesucht hatte. Da schlackerte er mit den Ohren und meinte, Gato Negro sei eine der gefährlichsten Gegenden in Caracas und ich hätte viel Glück gehabt, dort nicht überfallen worden zu sein.

Vielleicht übertrieb er etwas, vielleicht auch nicht. Auf jeden Fall war ich froh, die 3 Tage in und um Caracas ohne Blessuren überstanden zu haben. Ich war die ganze Zeit ziemlich in Alarmbereitschaft gewesen, aber ein bisschen gesucht hatte ich diesen Kick ja ehrlich gesagt auch. Jetzt saß ich am Flughafen und wartete auf Johannes. Eigentlich sollte er vor einer Stunde gelandet sein, aber momentan hatten sämtliche Flüge zwei Stunden Verspätung, weil Chávez zwischendurch hier aufgeschlagen war und deshalb alle anderen Flüge verschoben werden mussten.

Johannes ist da, ab nach <u>Choroní</u>!

Nachdem Chávez sich aus dem Flughafen von Caracas bequemt hatte, konnten auch alle weiteren Flugzeuge landen und zwei Stunden später stand Johannes endlich vor mir.

Wir trafen unseren Abhol-Service und kurz danach kam noch eine Mitfahrerin namens Gretel an, die das gleiche Ziel wie wir hatte. Wir dachten aufgrund ihres Namens, dass sie eine Deutsche wäre, aber sie meinte: „Ich bin Argentinierin und habe deutsche Vorfahren, aber keine Nazis!"

Auf dem Parkplatz tauschten Johannes und Gretel noch schnell bei einem Schwarztauscher Dollars gegen Bolivares, es war wie in einem schlechten Film. Dunkle Ecke, Dollars rübergeschoben, ein dickes Bündel Bolivares in 20er Scheinen bekommen, nachgezählt, verarscht worden, protestiert, noch ein paar Scheine oben drauf bekommen, alles ok.

Wir fuhren vier Stunden lang über Serpentinen, die einem den Magen ordentlich durcheinander brachten, dann kamen wir endlich gegen 1:00 Uhr nachts in <u>Choroní</u> an – genauer gesagt im süßen Ortsteil <u>Puerto Colombia</u>. Es ist superschön dort, ein kleines Örtchen mit süßen Häuschen, wo man sogar nachts sicher auf der Straße rumlaufen kann.

Alte, amerikanische Autos prägen das Straßenbild.

Blick über Choroní

„Seguro" (sicher) schien in Venezuela übrigens der größte Wert überhaupt zu sein. Wenn sich Leute unterhielten und irgendeinen Ort besonders hervorheben wollten, dann wurde er immer mit „seguro" beschrieben.

Wir legten uns noch an den Strand und leerten ein paar Bierchen. Außerdem unterhielten wir uns mit einem Typen aus Caracas, der gerade in Choroní Urlaub machte. Auch er erzählte, wie gefährlich Caracas doch wäre. Johannes meinte noch, was denn schon Schlimmes passieren sollte, es ginge den meisten doch nur um Geld. Der Caraqueño antwortete daraufhin: „Sie bringen dich einfach um, egal, ob du Geld hast oder nicht".

Mit Johannes am Strand von Choroní

Den nächsten Tag verbrachten wir faul am Strand. Das Meer war wunderbar, das Wasser klar, die Wellen umwerfend – Karibikfeeling pur. Abends saßen wir wieder mit ein paar Bier an der Strandpromenade und quatschten mit ein paar Einheimischen. In Macuto hatte mir ein Typ im Hotel zugeraunt, dass ich hier unbedingt zu einem ganz besonderen Strand namens „Signaga" fahren sollte, weil es dort die beste Party gäbe.

Ein Meer aus orangenen Booten

Ich hatte ein paar Leute danach gefragt und immer, wenn der Name dieses Ortes fiel, bekamen alle leuchtende Augen. „El Paraiso" (das Paradies) wurde er nur genannt. Man musste wohl eineinhalb Stunden mit dem Boot dorthin fahren und es schien so eine Art Surferparadies zu sein, wo nachts partytechnisch die Bombe hochgeht. Ich befürchte aber, dass man als Nicht-Surfer dort die unterste Kaste ist. Deswegen ließen wir das aus und und beschlossen, am nächsten Tag lieber nach Chichiriviche, einem kleinen Ort an der Karibikküste, zu fahren. Dort in der Nähe liegt der Nationalpark Morrocoy, von dessen traumhaften Inseln wir gehört hatten.

Inselparadies im Nationalpark Morrocoy

So machten wir uns am nächsten Tag auf den Weg dorthin. Die Fahrt allein war schon ein kleines Abenteuer: Endlich mal wieder in alten, klapprigen Bussen sitzen und mit Vollgas durch die Serpentinen rasen, das hatte ich in der reisefreien Zeit vermisst. Irgendwie schien jeder Busfahrer, der hier was auf sich hielt, eine dicke Sound-Anlage in sein Gefährt einzubauen und die Musik bis zum Anschlag aufzudrehen. Reggae-Beats dröhnten durch die Sitzreihen, die so richtig Bock auf die nächste Party machten.

Die Fahrt dauerte den ganzen Tag und wir kamen schließlich kurz nach Einbruch der Dunkelheit in Chichiriviche an. Sofort machten wir uns auf die Suche nach einer Bleibe. Der Ort machte zwar einen gechillten Eindruck, aber trotzdem fühlte ich mich nicht so ganz wohl damit, mit den dicken Rucksäcken durch die Straßen zu laufen. Ein Straßenhändler sah uns wohl an, dass uns ein wenig mulmig war, und rief uns zu: „Hier passiert nichts, alles ruhig."

Nach einer Weile fanden wir schließlich ein Doppelzimmer für 300 Bolivares (30 Euro), nicht ganz billig, aber die Unterkünfte schienen hier allgemein etwas teurer zu sein. Dafür hatten wir eine Klimaanlage, was auch dringend nötig war, weil der Raum sich ohne innerhalb von Minuten auf 40 Grad erwärmte.

Wir suchten uns noch etwas zu essen und landeten schließlich bei einem Typen, der riesige Fleischmassen auf seinem Grill ausgebreitet hatte. Er hatte lange Haare, war so dick, dass man meinen konnte, er sei selbst sein bester Kunde und hatte etwas richtig Schlachterhaftes. Als wir uns setzten, fragte er barsch: „Pollo?" (Hähnchen) Als wir lieber Rindfleisch wollten, nickte er nur kurz, dann bellte er wieder: „Cerveza?" (Bier) Dann holte er ein dickes Stück Fleisch vom Grill und zerteilte es mit einer riesigen Machete. Irgendwie mochte ich ihn, er war ein richtiges Original und als ich ihn fragte, ob ich ihn an seinem Grill fotografieren dürfte, lachte er sogar mal kurz.

Der Schlachter am Grill

Der Fleischberg hatte uns so gefüllt, dass wir kaum mehr laufen konnten. Johannes legte sich gleich ins Bett, ich ging nochmal zur Strandpromenade, um die Lage zu sondieren. Es war ordentlich was los, hübsche Mädchen unterwegs, aber ich war völlig fertig: zum einen vom Fleischberg zum anderen von diversen Bieren am Abend davor. Ich versuchte, wieder etwas Oberwasser zu gewinnen, aber mir fielen fast die Augen zu.

Irgendwann sprach mich eine dunkle Schönheit an, deren Stimme mir aber gleich verdächtig tief vorkam. Ihr Gesicht sah aber wiederum sehr weiblich aus, sie erzählte mir was von ihrem Mann, der nicht da sei, und dass sie sich deshalb ein bisschen vergnügen wolle. Als ich mir ihre Finger näher anschaute, fiel mir auf, dass diese für eine Frau deutlich zu groß waren. Ich sah zu, dass ich wegkam, und fiel wie ein Stein in mein Bett.

Am nächsten Morgen machten wir uns auf den Weg zur Insel Sombrero, die die schönste im Nationalpark Morrocoy sein sollte. Dafür mussten wir ein Boot mieten, das Platz für acht Personen bot. Es war gar nicht so einfach, zu zweit noch sechs weitere Passagiere zu finden, weil die Venezolaner meistens in großen Familienclans unterwegs waren und immer gleich ganze Boote mieteten. Nachdem wir von einem Bootsfahrer zum nächsten weitervermittelt worden waren und schon nicht mehr daran glaubten, klappte es schließlich doch noch. Wir bretterten mit einem Affenzahn übers Meer und kamen 15 Minuten später auf Sombrero an.

Die Insel ist klein, man kann innerhalb einer halben Stunde einmal ringsherum laufen. Der Tag dort war herrlich, das Wasser türkisblau, am Strand standen schattenspendende Palmen und die Chicas sahen aus, als kämen sie direkt aus dem Finale einer Miss-Wahl.

Weißer Sand und Palmen

Am späten Nachmittag schlenderte ich noch ein bisschen alleine am Strand herum, als mich plötzlich eine hübsche Mutter mit zwei hübschen Töchtern ansprach und fragte, ob sie mich mit ihren beiden Töchtern fotografieren dürfte. Schwuppdiwupp hatte ich links und rechts jeweils eine im Arm und grinste in die Kamera. Dann wollte die Mutter auch noch ein Foto mit mir, kuschelte sich in meinen Arm und die Tochter knipste. Wir haben uns noch ein bisschen unterhalten, dann musste ich weiter, weil unser Boot zurück aufs Festland fuhr. Solche Momente liebe ich auf Reisen.

Palmenstrand auf der Insel Sombrero

Reggaeton-Schalldruck-Battle

Am Abend schlugen Johannes und ich uns die Bäuche bei einem weiteren Grillmeister voll, dann ging es zur Strandpromenade, wo abends ordentlich was los war. Es gab unzählige Verkaufsstände, die irgendwas anboten, die Leute hingen rum, tranken und quatschten.

Wir waren die einzigen Nicht-Südamerikaner im Ort, also waren wir eine ziemliche Attraktion. Dauernd kamen Mädchen vorbei und wollten Fotos mit uns machen, ganze Familien mit ihren Töchtern. Und statt zu sagen: „Geht von diesen Männern weg!" ließen die Mütter ihre Töchter noch posieren und spielten das Spiel freudig mit. Wir kamen uns vor wie Stars, flanierten die Promenade hoch und runter und ließen uns bestaunen.

So viele Fans hatten wir selten.

Später gab es auf der Straße einen Battle der Auto-Soundsysteme. Die Jungs aus dem Ort hatten ihre Kofferräume in komplette Schalldruckanlagen verwandelt, bei manchen nahmen die Verstärker die komplette Rückbank ein. Es wurde so laut aufgedreht, dass sich selbst das <u>Berghain</u> in Berlin davor hätte verstecken müssen. Der Lauteste gewann, dort versammelte sich die Meute zum Feiern.

Wir tranken und tanzten stundenlang mit den Einheimischen, bis wir irgendwann kaum mehr stehen konnten und uns auf den Weg zurück zu unserem Hotel machten.

Wir torkelten die Straße runter und stützten uns gegenseitig, da spürte ich plötzlich einen Schlag auf meinem Hinterkopf. Ich drehte mich um und sah drei Jungs – einer auf einem Moped, zwei zu Fuß. Johannes sagte: „Mir hat einer eine Flasche über den Kopf gezogen!" Der auf dem Moped rief: „Gib mir dein ganzes Geld!" Da raffte ich plötzlich, dass die Typen uns ausrauben wollten. Aber sie wirkten, als hätten sie nicht allzu viel Erfahrung damit, die Flasche hatten sie nicht richtig durchgezogen, sonst wäre Johannes wohl nicht mehr gestanden. Sie waren nicht wirklich fordernd oder setzten mit weiteren Angriffen nach.

Ich beschloss zu rennen, unser Hotel war nur noch wenige Meter entfernt. Als ich etwas Abstand hatte und mich umdrehte, sah ich, dass Johannes einfach zwischen den Jungs langsam weiter lief und anfing zu diskutieren. Ich schrie: „Renn, Johannes, renn!" Doch darauf hörte ich nur so etwas wie: „Häää, warum denn?" Er fing plötzlich an, ihnen erklären zu wollen, dass man so etwas nicht machen sollte, und ich konnte brüllen, was ich wollte, er fing einfach nicht an zu rennen. Total bescheuert, dachte ich. Es war auch nicht nur sein Problem, denn wenn sie ihn weiter angegriffen hätten, hätte ich ihm auf jeden Fall helfen müssen. Zum Glück drehten die Jungs ab und es kam keiner hinter uns her. Wir erreichten das Hotel, klingelten und ich war froh, als wir die Tür endlich hinter uns abschließen konnten.

Ich glaube, das war ein Gelegenheitsüberfall: Die Typen hatten gesehen, dass wir nicht mehr geradeaus laufen konnten und wollten es einfach mal ausprobieren. Aber dass bei Johannes nicht alle Lampen auf Alarm gehen, wenn er eine Flasche über den Schädel gezogen bekommt, will mir immer noch nicht ganz in den Kopf.

Chillout in Coro

Am nächsten Morgen machten wir uns auf den Weg nach Coro. Die Busfahrt dauerte ungefähr vier Stunden und war ganz lustig. Ein Vater und sein Sohn sprachen uns an und der Sohn wollte alles über Deutschland wissen. Welche Musik man dort hört, ob David Guetta beliebt ist, ob man Facebook benutzt, welche Handys es gibt, welche Währung wir haben und so weiter. Der Vater war ein glühender Anhänger von Chávez und war überzeugt, dass es mit Venezuela nach den Wahlen aufwärts gehen würde. Er wusste ganz gut über die Politik in Europa Bescheid, über die Eurokrise, welche Länder gerade Probleme hatten und wo welche Regierung an der Macht war. Unser Gespräch machte den halben Bus neugierig.

Als wir in Coro ankamen, dachten wir, wir wären in einer Geisterstadt gelandet. Wir suchten uns ein Hostel in der Altstadt, die aus süßen, kleinen Kolonialhäuschen besteht, aber die Straßen waren fast komplett menschenleer. Es war richtig gespenstisch, als wäre irgendeine Seuche ausgebrochen und hätte alle dahingerafft. Das war erst einmal ein kleiner Schock, aber wenigstens fanden wir ein supergemütliches Hostel mit einem ruhigen Innenhof mit Hängematten – superentspannt.

Die Chefin war Argentinierin und total lieb. Ich konnte mich mit Coro sogar ein wenig versöhnen, als sie sagte, dass die Stadt am Sonntag wie ausgestorben sei, sich das unter der Woche aber wieder ändern würde.

Am nächsten Tag wollte ich mal ein wenig durch die Stadt schlendern. Johannes hatte sich in die Hängematte gelegt und war da auch nicht mehr so schnell rauszukriegen.

Johannes chillt in der Hängematte.

Ich hoffte, dass wieder ein paar Mädels Fotos mit mir machen wollten. Ich hätte mir ja gerne noch eine süße Venezolanerin angelacht, weil das hier unser letzter richtiger Stopp vor Kolumbien war. Das würde aber wohl eher schwierig werden, weil partytechnisch erst Richtung Wochenende wieder etwas los sein würde und wir bestimmt keine Woche hier bleiben wollten. So ließ ich den Vibe der Stadt einfach auf mich einströmen.

Ich gab mir wirklich größte Mühe, aber an einem Montagabend in einem 200.000-Einwohner-Städtchen war keine Party möglich. Ich sprach ein paar junge Leute an, die bei einer Art Open-Air-Familienfeier herumstanden und fragte sie, wo man tanzen könnte. Nach langem Überlegen schickten sie mich zu einer Bar namens Castellana, die aber leider montags geschlossen hatte. Ich musste mir also meinen Traum von der schönen Venezolanerin wohl oder übel aus dem Kopf schlagen.

Kurz vor der Abenddämmerung schlenderte ich noch ein bisschen durch die Gassen von Coro, inzwischen gefiel mir das Städtchen richtig gut. Im Gegensatz zum Sonntag waren sogar Menschen auf der Straße, hin und wieder winkte mir auch mal jemand zu oder grüßte mich. Als Nicht-Südamerikaner war man hier zwar nicht ganz so ein Superstar wie in Chichiriviche, aber die Leute auf der Straße drehen sich schon nach einem um.

Straße in Coro

Auf den Straßen fuhren uralte amerikanische Autos, wobei ich mir bei manchen kaum vorstellen konnte, dass sie die nächste Kurve noch heil überstehen würden. Sicher schluckten sie so viel Benzin wie ein Panzer, bei Spritpreisen von 2-4 Cent pro Liter kümmert das aber in Venezuela keinen. Johannes setzte den ganzen Tag keinen Fuß vor die Tür, er war einfach glücklich mit der Hängematte im Hostelhof.

Überall amerikanische Oldtimer

Letzer Tag in Coro ... Abschied von Venezuela

Dann verbrachten wir schon unseren letzten Tag in Coro. Johannes entspannte wieder in der Hängematte und las ein Buch, ich erledigte ein bisschen was am Rechner. Dabei ließen wir uns den erfrischenden Wind um die Nase wehen. Die Tage hier waren sehr erholsam, in Coro kann man auf jeden Fall gut einen Gang runterschalten.

Am nächsten Morgen machten wir uns auf den Weg nach Kolumbien. So entspannt die Tage in Coro auch gewesen waren, jetzt wurde es Zeit, endlich weiterzuziehen. Uns blieb auch gar nichts anderes übrig, denn nach einem Kassensturz und einigen Erkundigungen, was uns die Fahrt nach <u>Santa Marta</u> in Kolumbien kosten würde, blieben uns darüber hinaus nur zehn Dollar Notreserve. In Venezuela wollten wir mit unseren letzten Bolivares auskommen, um nicht zum offiziellen Tauschkurs am Automaten abheben zu müssen. Ich war gespannt auf die Fahrt und die Grenzüberquerung. Los gehen sollte es um 5:00 Uhr mit einem Sammeltaxi nach <u>Maracaibo</u>, von dort aus mit dem nächsten Sammeltaxi über die Grenze nach <u>Maicao</u>, den ersten Ort auf kolumbianischer Seite. Maicao ist voll von Schmugglern und Halsabschneidern, deshalb sollte man dort nicht unbedingt übernachten, sondern versuchen, direkt weiter mit dem Bus nach Santa Marta zu kommen.

Ich hatte schon wilde Geschichten über die Fahrt über diese Grenze gehört, dauernde Checkpoints und ewige Durchsuchungen sollten üblich sein. Touristen werden dabei wohl auch hin und wieder mal ein paar Scheine abgenommen, was wir uns bei unserem Budget wirklich nicht mehr leisten konnten.

Grenzüberquerung extrem

Was für ein Tag uns dann aber wirklich erwarten sollte, hätten wir uns beim besten Willen nicht träumen lassen. Wir waren zwar darauf vorbereitet, dass es an der Grenze zwischen Venezuela und Kolumbien recht rau zugehen würde, aber dass es so ein Abenteuer werden würde, hätten wir nicht gedacht. Aber der Reihe nach: Bevor wir aufbrachen, hatten wir uns genau erkundigt, wie viele Bolivares man braucht, um nach Kolumbien zu kommen. Es sollten für jeden 300 sein (30 Euro). Wir hatten zusammen knapp 700 Bolivares (70 Euro) und noch 10 Dollar als Puffer – also kein Problem, dachten wir. Von Coro nach Maracaibo ging es mit dem Sammeltaxi, einem sogenannten Por Puesto, und alles funktionierte prima. Unangenehm war nur, dass der Fahrer die Klimaanlage auf gefühlte fünf Grad drehte und wir uns bibbernd in dicke Pullover hüllen mussten.

Von Maracaibo aus sollte uns das nächste Por Puesto eigentlich nach Maicao bringen, den ersten Ort auf kolumbianischer Seite. Wir landeten in einer uralten amerikanischen Karre, die diesmal zum Glück keine Klimaanlage hatte. Der Preis war auch ok: 100 Bolivares (10 Euro). Das lag noch in unserem Budget. Johannes und ich saßen auf der Rückbank, daneben eine junge Mutter mit ihrer kleinen Tochter auf dem Schoß. Sie erzählte, dass sie in Kolumbien geboren, aber in Venezuela aufgewachsen wäre und nun ihre Familie in Kolumbien besuchen wollte, die sie zehn Jahre lang nicht mehr gesehen hatte. Auf dem Vordersitz saßen eine vielleicht 50-jährige Frau und ihr erwachsener Sohn. Sie hatte eine ziemlich raue, schnoddrige Art und sprach so schnell Spanisch, dass ich selbst mit mehrmaligem Nachfragen nur wenig verstand. Johannes und ich nannten sie deshalb Schnodderschnute, sie schien das Herz aber am rechten Fleck zu haben. Unser Fahrer war, wie die meisten seiner Kollegen in Venezuela, so mundfaul, dass man ihn mehrmals ansprechen musste, um überhaupt den Hauch einer Reaktion zu bekommen.

Johannes und ich im Taxi

So ungefähr 20 Kilometer vor der Grenze passierten wir den ersten Checkpoint. Anhalten, Pässe zeigen, angestarrt werden, Kofferraum auf, alles ok. Obwohl die junge Mutter weder einen Pass noch einen Ausweis dabei hatte, sondern nur einen seltsamen Wisch mit einer Unterschrift, den sie den Polizisten vorhielt und irgendetwas Unverständliches dazu erklärte, wurden wir nach kurzer Diskussion durchgewunken und fuhren weiter. Diese Frau wollte tatsächlich ohne irgendwelche Papiere die Grenze nach Kolumbien überqueren! Das kann ja heiter werden, dachten wir. Frau Schnodderschnute diskutierte mit ihr, ich verstand nicht allzu viel, aber es sah so aus, als würde sie nicht glauben, dass sie ohne Papiere über die Grenze käme.

Je näher wir der Grenze kamen, umso öfter passierten wir Checkpoints. Mal durften wir einfach durchfahren, mal mussten wir die Pässe zeigen und immer wieder gab es die gleiche Diskussion über die nicht vorhandenen Papiere der Mutter. Aber letztendlich durften wir jedes Mal weiter.

Das Grenzgebiet ist ziemlich gefährlich, es war offensichtlich, dass die Leute dort bettelarm waren, in verfallenen Hütten hausten und verzweifelt versuchten, am Straßenrand irgendetwas zu verkaufen. In dem Gebiet sind außerdem ziemlich viele Schmuggler und Rebellen unterwegs, auf jeden Fall kein guter Ort, um als Ausländer mit sämtlichem Gepäck herumzulaufen. Allerdings hatten wir bis dato auch gedacht, dass wir nicht herumlaufen müssten. Doch plötzlich fanden wir uns am Ende einer LKW-Schlange wieder, die sich keinen Zentimeter mehr bewegte. Frau Schnodderschnute meinte, dass es hier nicht mehr weiter ginge, wir aussteigen müssten und uns ein Stück weiter ein neues Sammeltaxi suchen sollten.

Kein Weiterkommen – LKWs blockieren die Straße.

Uns blieb nichts anderes übrig, als ihr zu folgen. Die junge Mutter hatte offensichtlich viel zu viel Gepäck dabei, um ihr Kind und ihre Sachen zu Fuß zu transportieren. Johannes und ich boten ihr an, eine schwere Kiste zu tragen und hatten dadurch gleich einen Stein bei unseren drei einheimischen Begleitern im Brett. Wir liefen los und sahen nach der ersten Kurve, dass die Straße, soweit man schauen konnte, von LKWs blockiert war. Ab und zu versperrten die Ärmsten der Armen die Straße mit einem Seil und forderten Geld von denen, die vorbei wollten. Wir krochen einfach drunter durch und liefen weiter.

Die Kiste wurde langsam unerträglich schwer, aber was sollten wir machen, wir konnten sie ja kaum der armen Mutter wieder in die Hand drücken, die ihr Kind auf dem Arm hatte und eine Tasche in der anderen Hand. Irgendwann passierten wir schließlich den letzten stehenden LKW und die Straße war wieder frei.

Ich vertraute unseren drei einheimischen Mitfahrern inzwischen und sie respektierten uns als freundliche Kistenträger ebenfalls. Es war unser Glück, dort nicht alleine durch zu müssen, denn Frau Schnodderschnute verhandelte mit den Fahrern der nächsten Por Puesto hart und heftig, sodass wir zu einem einigermaßen angemessenen Preis weiterfahren konnten. „Weiter" war aber leider nicht sehr weit, denn nach einigen Kurven versperrte der nächste LKW die Straße. Ich konnte in Erfahrung bringen, dass es ein Problem mit dem Sprit-Nachschub in der Gegend gab und sich deswegen nichts mehr bewegte.

Also wieder raus, Kiste schleppen, diesmal nur ein paar Meter, dann war die Straße wieder frei, auf zum nächsten Sammeltaxi, Verhandlung durch Frau Schnodderschnute und ab Richtung Grenze. Allerdings wollte uns der Fahrer nicht über die Grenze fahren, sondern nur bis zum letzten Ort auf venezolanischer Seite. Unsere Bolivares wurden langsam bedrohlich knapp, dieses Chaos hatten wir nicht mit einberechnet und wir wussten, dass wir bei der Ausreise aus Venezuela noch 30 Bolivares (drei Euro) Ausreisesteuer bezahlen mussten.

Frau Schnodderschnute lotst uns ins nächste Taxi.

Als wir im Grenzort ankamen und ausstiegen, schlug uns eine seltsame Stimmung entgegen. Der Ort war total heruntergekommen, seltsame Gestalten bewegten sich auf der Straße und starrten uns mit großen Augen an. Drei Verkäuferinnen an einem Essensstand fragten, wo wir herkämen. Frau Schnodderschnute meinte: „Son alemanes!" („Es sind Deutsche!") „Son animales?" („Es sind Tiere?"), fragten die Verkäuferinnen ungläubig nach. Zwei besoffene Typen boten uns an, uns auf ihrem Pick-up über die Grenze zu bringen, aber das lehnten wir ab. Die Por Puestos, die dort herumstanden, waren so teuer, dass sich Frau Schnodderschnute weigerte, diese Preise zu zahlen. Zum Glück, denn wir gingen finanziell nun schon komplett auf dem Zahnfleisch. Schließlich fanden wir einen Fahrer, der uns für 50 Bolivares (fünf Euro) pro Person nach Maicao auf kolumbianischer Seite bringen wollte. Wir stiegen ein und waren überglücklich, denn uns blieben nun noch 60 Bolivares übrig, haargenau der Betrag, den wir als Ausreisesteuer bezahlen mussten … glaubten wir zumindest.

An der Grenze angekommen dann der Schock: Die Ausreise sollte 90 Bolivares pro Person kosten! Wir erklärten dem Beamten, dass wir zusammen nur noch 60 hätten und ob er nicht eine Ausnahme machen könne. Er schüttelte nur den Kopf. 180 zahlen oder in Venezuela bleiben! Wir zogen unseren letzten Trumpf, legten unsere Not-10-Dollar auf den Tisch und fragten, ob das so ok sei. Er schaute uns an und meinte nur: „Jetzt fehlen noch 80 Bolivares!" Natürlich rechnete er mit dem offiziellen Kurs von 1:4,3. Wir flehten ihn an, uns weiter zu lassen und versicherten ihm, absolut nichts mehr dabei zu haben. Doch er blieb hart. Das war es nun also. Gestrandet im supergefährlichen Grenzgebiet ohne einen einzigen Bolivar, um entweder weiter oder zurück zu kommen. Wir waren sozusagen Freiwild für Entführer, Erpresser oder wer auch immer sich in der Gegend herumtrieb.

Doch plötzlich hörte ich neben mir eine Stimme fragen: „Wie viel fehlt euch?" Ungläubig schaute ich zur Seite und sah einen Mann mittleren Alters. „Wir haben nichts mehr und kommen nicht weiter!", antwortete ich. „Wie viel fehlt euch?", wiederholte er. „80 Bolivares", sagte ich. Er holte sein Portemonnaie aus der Tasche und legte, ohne mit der Wimper zu zucken, das Geld auf den Tisch. Ihn hatte der Himmel geschickt! „Ich bin Kolumbianer, Gott schütze euch!", sagte er, gab uns die Hand und verschwand. Wir konnten es kaum glauben, das war eine komplett verkehrte Welt! Auf der ganzen Odyssee wurden wir schon des Öfteren für reiche Touristen gehalten, und nun rettete uns ein Kolumbianer, für den 80 Bolivares sicher viel Geld waren, einfach so den Arsch, ohne etwas dafür haben zu wollen.

Nun konnten wir weiter mit unseren drei einheimischen Begleitern über die Grenze, die Mutter kam zu unserem Erstaunen tatsächlich ohne Papiere durch.

In Maicao angekommen, verabschiedeten wir uns und stiegen am Busbahnhof aus.

Es war einfach extrem leichtsinnig gewesen, mit einem Budget, das Arsch auf Kante genäht war, die Grenze überqueren zu wollen – in einem Land, in dem eigentlich immer irgendetwas schiefgeht und an einer Grenze, an der man auf keinen Fall als Ausländer stranden sollte. Als letzten Notnagel hätten wir vielleicht noch die paar kolumbianische Pesos, die wir für die Weiterfahrt dabei hatten, irgendwo umtauschen und uns damit retten können, aber lustig wäre das alles nicht geworden.

Wir waren froh, als wir unser Busticket nach Santa Marta in der Hand hatten, wo wir sicher wieder an neues Geld kommen würden. Der Bus war günstiger als gedacht, so dass wir noch einige kolumbianische Pesos übrig hatten. Plötzlich tauchte unser Retter am Busterminal wieder auf. Unser übriges kolumbianisches Geld war ungefähr so viel, wie er für uns bezahlt hatte. Ich wollte es ihm geben, aber er winkte nur ab, gab uns beiden die Hand und sagte: „Gott schütze euch!" Dann verschwand er.

Mit dem Bus nach Santa Marta

Willkommen in Kolumbien

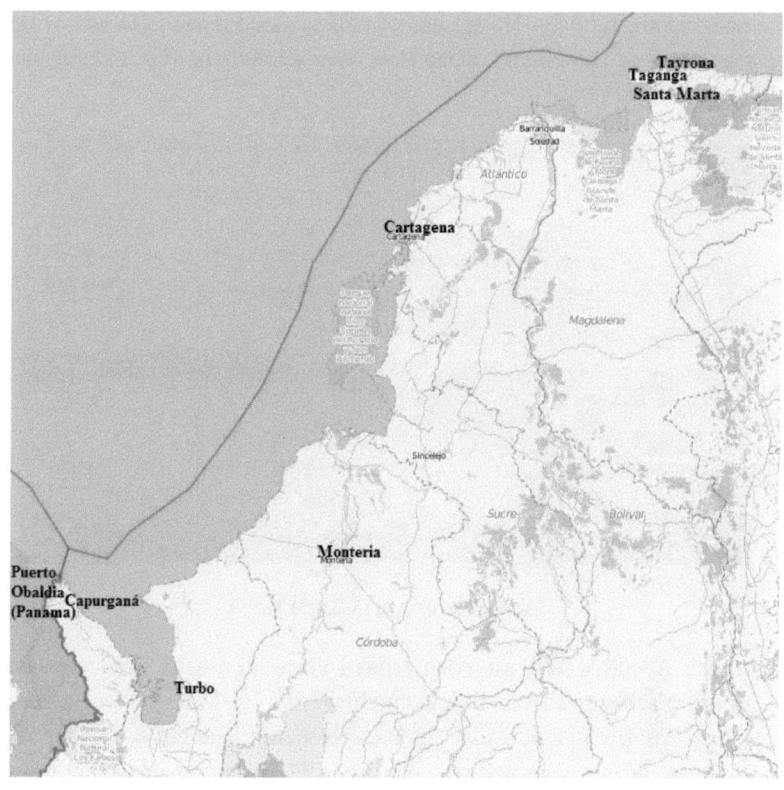

Nachdem wir endlich heil in Santa Marta angekommen waren, ließen wir uns in einem richtig schönen Hostel namens Brisa Loca nieder. Es war wirklich super hier und es gab einen kleinen Pool, eine gemütliche Bar und entspannte Stimmung.

Abendstimmung in Santa Marta

Am ersten Abend waren wir noch schnell etwas in einem Straßenrestaurant essen. Am Nachbartisch saß eine Kolumbianerin – so Mitte 30 – und ein jüngerer Typ. Als wir zu den beiden herüberschauten, fragte uns die Lady, ob wir uns nicht zu ihnen setzen wollten. Warum nicht, dachten wir und schwuppdiwupp saßen wir bei den beiden am Tisch.

Die Lady erzählte, dass sie in Holland lebe, aber nun für ein halbes Jahr in Kolumbien bleiben wollte. Sie hatte leichte Schickimicki-Allüren und war ein wenig anstrengend, aber ein guter Kontakt, um eine Party-Location für den Abend zu finden. Der jüngere Typ war ihr Neffe und ein ganzes Stück sympathischer. Die beiden waren einverstanden, gemeinsam etwas zum Feiern zu suchen: An einem Mittwochabend kam dafür eher das Nachbarörtchen Taganga in Frage.

Also ab ins Taxi und auf nach Taganga. Wir landeten in einem Open-Air-Club mit Blick auf den Strand, eigentlich eine ganz nette Location, aber leider fast nur Gringos am Start. Als Gringos bezeichnen die Südamerikaner hellhäutige Ausländer, manchmal wird der Begriff abwertend verwendet, meistens jedoch eher scherzhaft. Wir zischelten ein paar Bierchen und ich schaute mir die wenigen kolumbianischen Frauen recht interessiert an. Das blieb nicht unbemerkt, denn unsere „Schickimicki-Chica" sagte, dass ihr aufgefallen sei, dass ich den anderen Frauen die ganze Zeit hinterherschaute. Ich merkte, dass sie etwas Bestätigung brauchte, und sagte: „Jaja, aber du bist die beste Tänzerin hier." Das hätte ich nicht tun sollen, denn nun hatte ich sie so richtig an der Backe und bekam sie so schnell nicht mehr los. Irgendwann meinte sie: „Weißt du, ich mag deinen Freund auch, aber dich, dich mag ich auf eine ganz besondere Art. Verstehst du, was ich meine?"

Verstanden hatte ich es natürlich, nur Interesse hatte ich keines. Als eine Salsa-Runde startete, wollte sie tanzen. Ich meinte, ich könne kein Salsa tanzen, aber Johannes – dieser Sack – sagte: „Doch, doch, kann er!" und schob mich in ihre Arme. Ich stolperte drei Schritte vor und zurück, dann sah ich zu, dass ich Land gewann: Erstmal flüchtete ich auf die Toilette, auf dem Rückweg schlenderte ich dann unauffällig ans andere Ende der Tanzfläche.

Kurz darauf kam sie aber natürlich hinterher und wollte mich wieder in Beschlag nehmen. „Morgen kommst du mit zu mir, ich habe einen Pool, da können wir den ganzen Tag verbringen!" „Ahhhhhh, auf keinen Fall!" Ich sagte ihr recht deutlich, dass mir das zu viel sei und sie mich in Ruhe lassen solle. Das machte sie so sauer, dass sie danach weder mit mir noch mit Johannes ein einziges Wort wechseln wollte, aber immerhin hatte ich sie endlich los. Zehn Minuten später hing sie einem Australier an der Backe – und ich war raus aus der Schusslinie.

Die Frau hatte einen Dachschaden und das nicht zu knapp. Nach diesem Erlebnis wurde meine Laune nicht mehr besser, die wenigen anderen kolumbianischen Frauen auf der Party waren mir auch irgendwie suspekt. Am Wochenende wollten wir uns ein Zimmer in Taganga nehmen und ein paar Tage direkt im Ort bleiben. Ich hoffte, dass es dann partytechnisch besser aussehen würde.

Am nächsten Tag schauten wir uns Santa Marta genauer an. Ich war zwar 2008 schon einmal für eine Nacht dort gewesen, war aber gleich am nächsten Morgen weitergezogen und hatte deshalb nicht viel vom Ort gesehen. Santa Marta ist richtig süß, das hätte ich gar nicht gedacht. Schöne Kolonialbauten, kleine Straßen und Gassen und eine entspannte Stimmung. Allerdings reicht ein Tag, um alles gesehen zu haben.

Ein Straßenstand in den Gassen von Santa Marta

Am nächsten Tag wollten wir in den Nationalpark Tayrona fahren, wo es traumhafte Karibikstrände gibt. Auch dort war ich 2008 schon einmal gewesen und schon damals restlos begeistert. Ich freute mich deshalb total und war gespannt, ob sich etwas verändert hatte.

Tayrona – Sommer, Sonne, Strand und Palmen

Vom Eingang des Nationalparks aus wurden wir mit einem Minibus ein Stück in den Dschungel gebracht, dann ging es zu Fuß eineinhalb Stunden durch den Wald, bevor wir das Meer erreichten. Leider konnten wir nicht gleich reinspringen, weil die Strömung dort so stark ist, dass schon über 200 Menschen ertrunken sind.

Wir wollten an den Ort Cabo, was nochmal eineinhalb Stunden Fußweg entfernt war. Auf dem Weg kamen wir an ein paar Buchten vorbei und sprangen immer mal wieder ins Wasser. Die Wassertemperatur lag bestimmt bei 28 Grad, genau richtig, um sich abkühlen zu können, aber auch nie zu frieren.

Traumstrand im Nationalpark Tayrona

Mit Johannes im Paradies

Karibische Abendstimmung

Vier Jahre zuvor hatte ich in Cabo extrem entspannt in einer Hängematte geschlafen, die man dort mieten kann. Leider waren an diesem Tag schon alle
belegt, sodass wir mit einem Zelt vorlieb nehmen mussten. Darin war es aber
einfach nur unerträglich heiß und die Nacht wurde so zur reinsten Hölle. Gegen die Hitze mussten wir den Zelteingang offen lassen, was wiederum dazu
führte, dass Ameisen ins Zelt gekrochen kamen. Nachts habe ich kaum ein
Auge zugetan, aber dafür morgens am Strand nochmal schön geschlafen.

Gegen Mittag ging es zurück nach Santa Marta und von dort aus direkt nach
Taganga. Taganga hatte sich auf jeden Fall etwas verändert, vor vier Jahren
war es noch weit weniger touristisch gewesen. Aber etwas weiter vom Meer
entfernt war immer noch alles wie bei meinem letzten Besuch: Schotterwege,
vor ihren Häuschen sitzende Kolumbianer und kleine Läden hier und da. Ich
mochte Taganga einfach: chillige Stimmung, alles klein und gemütlich und
immer irgendwo Party.

Party und Chillout in Taganga

Taganga ist ein Ort, in dem man richtig gut versacken kann, was ich für meinen Teil auch ausschweifend getan habe. Samstagabend waren wir so exzessiv
feiern, dass ich mich danach erst einmal den ganzen Tag ausgiebig davon

erholen musste. Johannes hat es wenigstens noch geschafft, am Nachmittag tauchen zu gehen.

In Taganga angekommen

Gegen Mitternacht, als Johannes schon im Bett lag und ich immer noch, packte es uns aber irgendwie noch einmal. Wir standen wieder auf, machten uns ein Bier auf und zogen wieder um die Häuser. So hätte das hier ewig weitergehen können, aber am nächsten Tag schafften wir doch den Absprung und buchten für die nächsten vier Tage eine Trekking-Tour zur Ciudad Perdida, der vergessenen Stadt.

Ciudad Perdida ist eine alte Inka-Stadt und soll angeblich noch größer als der Machu Picchu in Peru sein. Allerdings ist sie noch nicht besonders gut erschlossen und deshalb auch kaum ausgegraben. Es gibt keine Straße dorthin, deshalb würden wir die nächsten vier Tage zu Fuß im Dschungel verbringen, zwei Tage für den Hin-, zwei Tage für den Rückweg.

Ich war gespannt, wie es sein würde, mehrere Tage im Dschungel zu verschwinden und hoffte, wir würden uns richtig abgeschieden vorkommen.

Dschungel extrem

Tag 1 – Gemütliches Wandern, eine tolle Aussicht und ein erfrischendes Bad

Am Morgen ging es los zu unserem Dschungel-Trekking zur Ciudad Perdida. Sie wurde von 700 bis 1300 nach Christus vom Volk der Tayrona errichtet und erst 1970 entdeckt. Man kann sie nur zu Fuß erreichen – inklusive Rückweg entweder in einer Vier-, Fünf- oder Sechs-Tages-Tour. Wir fühlten uns fit genug, die Tour in vier Tagen zu stemmen.

Um 10:00 Uhr ging es los mit dem Jeep Richtung Dschungel. Wir waren 14 Leute, die meisten quatschten gleich munter drauf los – „Traveller-Geschichten" über Gott und die Welt. Ich war noch leicht angeschlagen von der Taganga-Feierei und hatte keine Lust auf Unterhaltungen, Johannes auch nicht wirklich. So richtig sympathisch waren mir die anderen ohnehin nicht, bis auf Steven und seine Freundin Lauren, die Johannes schon von seinem Tauchausflug kannte. Nach einer Stunde Straßenfahrt ging es offroad über eine holprige Piste in den Dschungel hinein. Nach einer weiteren Stunde hielten wir an und wurden rausgeworfen.

Kurz darauf lernten wir unseren Führer Juan Carlos kennen und es stellte sich heraus, dass Steve, Lauren, Johannes und ich ihn sozusagen als Privat-Führer für uns allein hatten, weil wir extra nach ihm gefragt hatten. Die anderen waren mit einer größeren Gruppe von 15 Leuten unterwegs. Wir bekamen eine letzte Stärkung, Sandwiches mit Schinken und Käse, dann ging es zu Fuß los in den Dschungel.

Lauren und Steven waren recht geschwätzig, der Weg war nicht allzu anstrengend und so redeten wir die ganze Zeit über Gott und die Welt. Juan Carlos war ein netter Kerl, er lebte seit seiner Kindheit in diesem Dschungel und kannte scheinbar jeden, der uns über den Weg lief. Außerdem erzählte er uns einige Geschichten über die Gegend. Der Weg zur Ciudad, auf dem wir liefen, war früher eigentlich nur der Rückweg der Tour. Der originale Weg war aber vor eineinhalb Jahren geschlossen worden, da die indigenen Bewohner ringsum sich vor dem Einfluss der Touristen schützen wollten. Deshalb gab es nun nur noch diesen einen Weg für beide Richtungen.

Die Landschaft war wunderschön, der Weg führte über Berge, durch grüne Täler, hin und wieder mussten wir einen Fluss durchqueren oder konnten kurz darin schwimmen. Nach circa zwei Stunden marschierten wir für eine Stunde einen ganz anständigen Anstieg hoch, sodass unsere T-Shirts komplett von unserem Schweiß durchtränkt waren. Weil ich vorher gehört hatte, dass es sowieso nichts bringen würde, Wechselklamotten mitzunehmen, hatte ich nur ein einziges Tages-Shirt dabei. Das war nun in Schweiß gebadet und sollte mich für die nächsten vier Tage begleiten.

Wunderbare grüne Weite

Nach insgesamt vier Stunden kamen wir in unserem Nachtcamp an – ein ganz nettes, überdachtes Örtchen mit einer Küche, Duschen und Hängematten. Die touristische Infrastruktur, also Unterkünfte und Essen, wird von den Einwohnern des Urwalds zur Verfügung gestellt, die dadurch einen Teil des Geldes abbekommen. Juan Carlos erzählte, dass es vor einiger Zeit mal eine Firma gab, die Touren zur Ciudad anbot, aber nicht mit den indigenen Völkern der Gegend zusammenarbeiten wollte und alles Geld für sich behielt. Das ging aber nicht lange gut, denn der Chef der Firma wurde bald darauf umgebracht. Der hinter uns liegende Tag war zwar anstrengend, aber alles in allem ok. Ich hatte mir für die Wanderung neue Schuhe gekauft und mir Sorgen gemacht,

Blasen zu bekommen, weil sie noch nicht eingelaufen waren, aber bis dahin schien noch alles gut zu gehen. Juan Carlos kochte uns ein leckeres Abendessen – Hähnchen mit Reis –, wir tranken mit Steven und Lauren noch ein paar Bierchen und schwatzten eine ganze Weile.

Dschungelküche

Dann ging es zum Schlafen ab in die Hängematte, am nächsten Morgen wollten wir um 7:00 Uhr zu einem Marsch von sieben bis acht Stunden Länge aufbrechen.

Tag 2 – Ein Wettlauf gegen die Zeit

Der nächste Tag war krass. Nachdem das Trekking so locker angelaufen war, ging es am zweiten Tag so richtig in die Vollen. Hätten wir die Fünf-Tages-Tour gebucht, wären wir vier Stunden gelaufen und am kommenden Tag nochmals vier. Da wir uns aber Kamikaze-mäßig für vier Tage entschieden hatten, liefen wir beide Abschnitte an einem Tag.

Um 6:00 Uhr war Aufstehen angesagt, dann gab es ein kurzes Frühstück und um 6:30 Uhr starteten wir durch. Juan Carlos meinte, dass wir heute einen Fluss durchqueren würden, wo einem das Wasser schon mal bis zum Hals stehen könnte. Wir müssten unbedingt bis 13:00 Uhr dort ankommen, sonst würde der Regen den Pegel so stark ansteigen lassen, dass eine Durchquerung unmöglich sein würde.

Die Morgenstimmung bei unserem Aufbruch

Wir marschierten los und ich merkte gleich, dass meine Füße in den neuen Schuhen nun doch ziemlich schmerzten. Das kann ja noch heiter werden, dachte ich. Der Weg war auch nicht mehr so eben wie am ersten Tag, es ging über Stock und Stein, Felsen und Bäche. Die Anstiege wurden so steil, dass alle verstummten und wir nur noch schwitzend und keuchend vor uns hin trotteten. Die Abstiege wiederum waren so unwegsam, dass ich mich kaum entscheiden konnte, was anstrengender war.

An der Seite meines linken Knies spürte ich auf einmal einen immer stärker werdenden Schmerz hochsteigen. Ich erinnerte mich, dass ich diesen Schmerz schon mal vom Radfahren in Berlin bekommen hatte, er wurde damals so stark, dass ich nicht mehr weiterfahren konnte, und verschwand erst nach mehreren Tagen wieder. Verdammt, das hatte mir noch gefehlt. Ausgeknockt von meinem Knie im Dschungel stecken zu bleiben war nicht die berauschendste Vorstellung. Ich musste einfach weiter laufen, und zwar für die nächsten drei Tage.

Die Hitze wurde immer drückender und irgendwann meinte Juan Carlos, dass er bei dieser Wärme manchmal Krämpfe in den Beinen bekäme. Erst nahm ich das nicht weiter ernst, aber als er anfing zu humpeln und das Gesicht vor Schmerzen verzog, wussten wir, dass es ernst war. Wir machten eine Pause: Lauren hatte zum Glück Rehydrierungs-Salz dabei, das wir Juan Carlos verabreichten, Johannes massierte seine Wade und nach zehn Minuten liefen wir weiter.

Aber Juan Carlos konnte nun nur noch humpeln. Als wir an einigen Strohhütten vorbeikamen, machten wir eine Rast. Steven meinte, dass es keinen Sinn hätte, so weiter zu laufen und Juan Carlos mindestens eine halbe Stunde Pause bräuchte. Erst sträubte er sich zwar, dann legte er sich aber doch für eine Weile hin und ruhte sich aus.

Dschungelhäuser

Begegnung mit Einheimischen ...

... und einem Kind im Dschungel.

Es war nun schon 12:00 Uhr und die Zeit saß uns im Nacken, denn bis 13:00 Uhr sollten wir den Fluss überquert haben. Was sollten wir tun, wenn Juan Carlos nicht mehr weiter könnte? Auf dem nackten Boden in den Strohhütten schlafen? Keine besonders verlockende Vorstellung. Juan Carlos wollte unbedingt weiter, er hatte Angst, es nicht rechtzeitig zum Fluss zu schaffen. Johannes bot an, seinen schweren Rucksack mit unserem Essen zu tragen. So stapften wir schließlich weiter, Johannes beladen mit zwei Rucksäcken und Juan Carlos mit schmerzenden Krämpfen in den Beinen.

Hängepartie

Mein Knie schmerzte immer mehr und ich konnte mir beim besten Willen nicht vorstellen, die nächsten drei Tage so weiter zu laufen. Aber vielleicht würde es ja über Nacht besser werden. An meinen Füßen breiteten sich nun auch schlimme Schmerzen aus, die Achilles-Fersen fühlten sich richtig aufgescheuert an. Aber Juan Carlos gönnte uns keine Pause mehr, er wollte unbedingt den Fluss erreichen, bevor er unpassierbar würde. Erste Regentropfen fielen bereits, viel Zeit blieb uns nicht mehr.

Juan Carlos fragte uns entgegenkommende Führer nach der Wetterlage. Die meinten, dass es in Ciudad Perdida bereits regnen würde und der Pegel schon anstieg. Wir legten noch einen Zahn zu und ich hatte inzwischen unerträgliche Schmerzen. Doch immer, wenn ich dachte, es ginge nicht mehr weiter, schaute ich auf Juan Carlos, der mit krampfenden Waden und Oberschenkeln die Zähne zusammenbiss und aufs Tempo drückte. Johannes schien das alles ohne Probleme wegzustecken, er marschierte mit doppelter Bepackung frisch und munter immer weiter. Gegen 14:00 Uhr erreichten wir endlich den Fluss.

Der Pegel war zwar schon etwas angestiegen und die Strömung ziemlich stark, aber wir kamen ohne Probleme auf der anderen Seite an, auch wenn uns das Wasser dabei bis zum Gürtel stand.

Bis zu unserer Unterkunft sollte es noch einmal 30 Minuten dauern. Das tat es auch, aber dieser Abschnitt hatte es nochmal ziemlich in sich. Wir kletterten über steile Felsen, hoch und runter und ich konnte mich nicht richtig entscheiden, ob das verdammte Knie oder die aufgescheuerten Füße das größere Problem waren.

Als wir endlich das Camp erreichten, fiel alles auf einmal wie eine riesige Last von mir. Wir hatten es geschafft – zumindest für heute! Nachdem wir gestern fast die einzigen Gäste gewesen waren, war an diesem Tag richtig was los. Insgesamt waren an die 50 Leute im Camp. Die Gäste, die vor uns eingetroffen waren, bekamen die begehrten Betten ab, für uns blieben leider nur noch Hängematten übrig. Egal, ich war einfach nur froh, dass wir angekommen waren.

Nach einem kurzen Nickerchen gab es Abendessen und alles wurde recht lustig. Wir trafen unsere Kollegen aus dem Jeep wieder, die eigentlich doch alle ganz in Ordnung waren, und unterhielten uns nett. Im Sitzen hatte ich auch keine Schmerzen mehr und bekam wieder richtig gute Laune. Juan Carlos nannte Johannes nur noch Rambo, nachdem er seinen schweren Rucksack die ganze Zeit geschleppt hatte.

Als ich an den nächsten Tag dachte, an dem es hoch zur Ciudad Perdida gehen sollte, graute mir allerdings ein wenig. Die 1500 Treppenstufen dort hoch mit meinem geschundenen Knie waren nicht die rosigste Aussicht. Ich hatte sogar kurz überlegt, einfach nicht hochzusteigen und im Camp zu warten. Aber nein, nach zwei Tagen Laufen wollte ich keinesfalls so kurz vor dem Ziel aufgeben. Ich wollte mir zur Not ein paar Schmerztabletten einwerfen und den Aufstieg irgendwie hinkriegen. Über den Weg zurück aus dem Dschungel wollte ich mir erst danach Gedanken machen.

Tag 3 – Ziel erreicht: Die Ciudad Perdida

Am nächsten Morgen ging es um 6:00 Uhr los, 1500 Stufen und 400 Höhenmeter nach oben. Mein Knie machte am Anfang noch keine größeren Probleme, bat mit fortschreitendem Aufstieg dann aber doch zunehmend um Aufmerksamkeit, indem es wieder ordentlich schmerzte. Ich hatte gehört, dass die Ciudad nicht besonders spektakulär und eher der Weg dorthin das Ziel wäre, deswegen hatte ich nicht allzu viel erwartet. Als wir endlich oben angekommen waren, war ich jedoch sehr positiv überrascht. Natürlich war es kein Machu Picchu, aber die Anmutung der alten, mit Moos bewachsenen Mauern war ziemlich geheimnisvoll und verwunschen.

Stufen zur Ciudad Perdida

Moosbewachsene Gemäuer

Blick über den Urwald

Juan Carlos erzählte jede Menge über die Ciudad, allerdings konnte ich mit meinem Spanisch nur einen Bruchteil verstehen. Was ich verstand war, dass bis heute nur ein Teil ausgegraben und rekonstruiert wurde, viel liegt noch unter der Erde und man vermutet, dass in der Gegend 200 verschüttete Dörfer liegen, die noch nicht entdeckt worden sind. Kurz nach der Entdeckung der Ciudad Perdida wurde die Gegend von Grabräubern geplündert, denn es gab jede Menge Gold zu holen.

Ciudad Perdida von oben

Nach zwei Stunden stiegen wir wieder hinab. Leider ging es meinem Knie nicht besser, außerdem waren meine Blasen an den Füßen inzwischen zu offenen Wunden mutiert. Zwei Aspirin hielten mich am Leben, aber der Gedanke, nun mitten im Dschungel zu stecken und keine andere Wahl zu haben, als dermaßen lädiert zwei Tage zurückzulaufen, war schon etwas beklemmend.

Nachdem wir mit der Truppe eines anderen Führers zusammengeworfen worden waren, waren wir nun mit 15 Leuten unterwegs. Wir hatten ein gutes Stück Strecke vor uns, leider zum Großteil steil bergab über Stock und Stein. Das gab meinem Knie den Rest, humpelnd kroch ich vor mich hin, über den nächsten Stein, um die nächste Kurve, einfach immer weiter.

Sobald der Schmerz im Knie nachließ, meldeten sich meine aufgeschundenen Füße umso eindringlicher. Schlussendlich gab es keinen Moment mehr, an dem ich nicht irgendwo irgendwelche Schmerzen hatte. Ich versuchte, mich daran zu gewöhnen, und dachte mir, das sei schon mal ein gutes Training für's Altsein, alten Leuten tut schließlich auch jeden Tag etwas anderes weh. Auf den leichteren Abschnitten war es einigermaßen auszuhalten, aber sobald es wieder steil bergab ging, waren die Schmerzen im Knie fast unerträglich. Johannes hatte keine größeren Probleme und wurde nicht müde zu erzählen, wie einfach doch alles war. Ich war kurz davor, ihm meinen Wanderstock überzubraten.

Inzwischen nannte ihn nicht nur Juan Carlos „Rambo", sondern die ganze Truppe. An irgendeinem Rastplatz fragte eines der Mädels: „Wisst ihr eigentlich, warum dieser Typ von allen Rambo genannt wird?" Ich erzählte die Geschichte und Johannes gelangte umgehend zu einem gewissen Heldenruhm.

Gegen Mittag fing es an zu regnen, und zwar so richtig – wie aus der Dusche. Mein Rucksack saugte sich voll Wasser und wurde noch schwerer, außerdem wurde der Boden ziemlich rutschig. Ich konnte vor Schmerzen kaum mehr klar denken, aber lief einfach immer weiter, weiter und weiter, Stunde um Stunde. Hinter jeder Kurve vermutete ich das rettende Camp, es wollte und wollte einfach nicht auftauchen. Plötzlich erinnerte mich Johannes daran, dass es in der letzten Nacht für die letzten Ankömmlinge keine Betten mehr gegeben hatte, sondern nur noch Hängematten. Ich hatte so unglaubliches Verlangen nach einem Bett, dass ich die Zähne zusammenbiss und trotz Schmerzen nochmals einen Zahn zulegte. Mit letzter Kraft erreichte ich schließlich das Camp. Wir kamen im strömenden Regen an und freuten uns auf ein Dach, Hängematten und Betten. Doch leider war all das nur ein kurzer Traum. Der Chef des Camps meinte, dass unsere Truppe noch ein Camp weiter müsste. Zum Glück sollte das andere Camp nur fünf Minuten entfernt sein, behauptete er.

Gerade, als wir uns wieder auf den Weg machten, erlebte ich plötzlich einen ganz kurzen, magischen Moment. Aus der Dusche des Camps stieg ein wunderschönes, blondes, weibliches Wesen, sah mich und strahlte mich an. Sie stand vielleicht zehn Meter von mir entfernt und ich strahlte zurück. Sie sah das Wasser an mir herunterlaufen, hielt ihre Hand über ihren Kopf und deutete mit ihren Fingern Regentropfen an. Ich machte die gleiche Bewegung, lächelte zurück, dann lief ich los. Für ein paar Sekunden war ich verliebt. Das Camp verschwand langsam hinter uns, ich schaute immer wieder in ihre Richtung, aber die Schönheit tauchte nicht mehr auf.

Fünf Minuten bis zum nächsten Camp waren überaus optimistisch gewesen, um nicht zu sagen glatt gelogen, denn in Wirklichkeit dauerte es eine halbe Stunde. Irgendwann war ich mir nicht mehr sicher, ob wir uns verlaufen hatten, doch schließlich kamen wir tatsächlich an. Wir bekamen ein Bett, alles war gut und wieder hatte ich dieses Gefühl, dass eine unglaubliche Last von mir abgefallen wäre. Es gab Essen, Bier und gute Stimmung, wir quatschten stundenlang mit unseren Weggefährten und es war wieder ein richtig lustiger Abend.

Tag 4 – Der schmerzvolle Rückweg

Am folgenden Tag ging es um 6:00 Uhr morgens wieder los. Es war unser letzter Tag, raus aus dem Dschungel, nochmal sechs Stunden Fußmarsch. Meine Wunden an den Füßen sahen schlimm aus und meine Fußgelenke waren angeschwollen. Aber es sollte mehr bergauf als bergab gehen, was meinem Knie mehr als entgegenkam. Ich desinfizierte meine aufgeschundenen Füße und klebte die Wunden mit Pflastern ab, so gut ich konnte. Um meine Fußgelenke wickelte ich Klopapier und bildete mir ein, so einen gewissen Polstereffekt zu erreichen. Ich musste feststellen, dass Wanderschuhe ihre Spuren hinterlassen, wenn man sie, ohne sie vorher einzulaufen, solchen Strapazen aussetzt. Ich nahm eine Schmerztablette, dann ging es los.

Die ersten Schritte waren die Hölle, das Knie meldete sich zwar noch nicht zu Wort, aber die geschwollenen Fußgelenke schmerzten unglaublich. Johannes lief hinter mir und meinte, ich sähe aus wie ein Leprakranker an seinen letzten Tagen. Diesmal bekam er wirklich meinen Stock ab, ich war noch nicht in der Stimmung für Scherze.

Die ersten drei Stunden ging es fast nur bergauf. Mir hing zwar die Zunge am Boden, aber ansonsten ging es mir erstaunlich gut. Meine Füße hatten inzwischen einen gewissen Taubheitsgrad erreicht, der das Laufen weniger schmerzhaft machte, und mein Knie verkraftete das Bergauflaufen ebenfalls recht gut. Ich hatte gute Laune und witzelte sogar mit den anderen herum. Eine verplante Australierin gefiel mir besonders gut und ich versuchte, immer mal wieder in ihre Nähe zu kommen. Leider war sie aber doppelt so schnell wie ich unterwegs, sodass ich recht bald den Anschluss verlor.

Nach der Hälfte der Strecke legten wir eine Pause an einem Ort ein, an dem man in einem natürlichen „Schwimmbad" im Fluss planschen und von Felsen springen konnte. Ich verzichtete allerdings, weil ich auf keinen Fall meine Schuh-Pflaster-Klopapier-Konstruktion anrühren wollte. Ich gönnte mir stattdessen ein Bierchen und ruhte mich ein bisschen aus.

Ich glaubte schon, das Schlimmste überstanden zu haben, da wurde ich auf der nächsten Bergab-Strecke eines Besseren belehrt. Nun tat mein Knie so weh, dass ich mein linkes Bein nicht mehr knicken konnte. Ich entwickelte eine Technik, wie ich trotzdem die Berge hinunterkam. Den linken Fuß drehte ich nach innen und hielt das Bein steif, mit dem rechten Bein fing ich das gesamte Gewicht ab. Das verursachte weniger Schmerzen, war aber dafür sehr anstrengend und brachte den gesamten Druck meines Körpergewichts auf mein rechtes Knie.

Ich war eine kleine Attraktion. Johannes, Lauren und Steven amüsierten sich jedenfalls köstlich und meinten, ich würde laufen wie ein Zombie aus „Dawn of the Dead". Es war so grotesk, dass ich auch ganz gut darüber lachen konnte, wie ich so mit meinem Stock und einem steifen Bein in komischer Schräglage den Hang herunterhumpelte. Ich machte ein paar Zombie-Geräusche und hätte so wahrscheinlich sofort in einem Horrorfilm mitspielen können.

Irgendwann erreichten wir den letzten großen Abstieg. Ich wusste, dass wir auf dem Hinweg ewig auf diesen Berg hinaufgeklettert waren und versuchte mich daran zu erinnern, wie lange das wohl gedauert hatte. Jeder Schritt bergab war eine Qual, aber was half es: Ich musste einfach noch diesen letzten großen Berg hinunter. Halb flehend fragte ich Steven: „Besonders lange war der Weg doch beim Aufstieg nicht, oder?" Er wollte wohl etwas gute Stimmung verbreiten und meinte, es würde noch so um die 20 Minuten dauern.

Aus den 20 Minuten wurde schließlich eine Stunde. Ich war ziemlich langsam, so dass Johannes, Lauren und Steven schon vorgingen. Ich sprach kein Wort mehr, dachte nur noch bis zur nächsten Kurve und konnte doch sehen, dass die Talsohle noch meilenweit entfernt war.

Mit letzter Kraft erreichte ich schließlich den Fluss im Tal, wir sprangen noch einmal von Stein zu Stein auf die andere Seite, dann war das Camp, an dem wir abgeholt würden, nicht mehr weit. Es ging zwar nur noch geradeaus auf einem ebenen Weg, aber ich konnte einfach nicht mehr und schleppte mich auf meinen Stock gestützt Meter um Meter weiter. Mir kamen frisch aussehende Neuankömmlinge entgegen, die ihre Tour gerade starteten. Als sie mich erblickten, sah ich einen gewissen Schrecken in ihren Gesichtern aufblitzen. Sicher fragten sie sich, ob sie nicht doch lieber wieder umkehren sollten.

Nach einer weiteren halben Stunde erreichte ich endlich das rettende Camp. Bevor ich irgendetwas tat, kaufte ich mir sofort ein Bier, fiel auf die Bank, nahm einen tiefen Schluck, begrüßte die anderen und war glücklich. Ich hatte es geschafft, raus aus der grünen Hölle! Es gab ein superleckeres Essen, noch mehr Bier und eine dicke Portion Erleichterung. An unserem Nachbartisch saßen ein paar Neuankömmlinge in strahlend weißen Shirts, die gerade ihr letztes Mahl vor dem Start verabreicht bekamen. Vor drei Tagen waren wir genauso dagesessen – nicht ahnend, was wir vor uns hatten. Selbst „Rambo" Johannes hatte inzwischen einige Blessuren und war nun doch einigermaßen am Ende.

Schließlich traf der Jeep ein, der uns zurück nach Taganga bringen sollte. Wir verabschiedeten uns von Juan Carlos und fuhren los.

Unsere Shirts waren klatschnass von vier Tagen Regen, Schweiß und Schlamm, der Geruch im Jeep glich dem in einer Jauchegrube, aber unsere Nasen hatten sich inzwischen daran gewöhnt.

Zurück in Taganga checkten wir für zwei Tage in unserer alten Bleibe Casa Divanga ein. Wir duschten erst einmal richtig schön und philosophierten dann ungläubig darüber, was wir in den letzten Tagen vollbracht hatten. Für mich war das auf jeden Fall eine Grenzerfahrung, unter Schmerzen diese körperliche Anstrengung auf mich zu nehmen und einfach immer weiter, weiter und weiter zu laufen.

Holprige Straße

Trotz dieser Qualen war es ein großartiges Erlebnis. Vier Tage zuvor, als ich einfach nur im Party- und Chillout-Modus gewesen war, hatte ich mir nicht vorstellen können, jetzt mit dieser Erfahrung wieder zurück zu sein. Am schönsten werden solche Grenzerfahrungs-Erlebnisse oft erst dann, wenn man sie gemeistert hat.

Auf jeden Fall hatten wir uns nun Party, Strand und Erholung verdient. Noch am gleichen Abend wollten wir uns mit unseren Trekking-Kollegen treffen, ein dickes Steak essen und danach feiern!

68

Strand von Taganga

Kolumbien hautnah – Taganga, Cartagena, Turbo und Capurganá

Wir setzten unseren Plan in die Tat um. Die vollste Tanzfläche gab es in einem Laden namens Mirador, super gelegen am Hügel über Strand und Meer, wo eine frische Brise Wind um die Nase wehte –aber leider auch mit etwas Gringo-Überschuss. Egal, rauf auf die Tanzfläche und ab ging die Post.

Ich quatschte eine Kolumbianerin an und kaufte ihr ein Bier. Sie hieß Jaini und konnte richtig gut tanzen, da tanzte ich gerne mit.

Als irgendwann im Mirador Schicht im Schacht war, liefen wir zusammen runter zum Strand. Ich sah schon große Zeiten auf mich zukommen, aber bald wurde Jaini müde und wollte nach Hause. Ich begleitete sie ein Stück, doch irgendwann meinte sie, ich könnte jetzt nicht weiter mitkommen, weil es dort, wo sie wohnen würde, für mich zu gefährlich wäre. Wir verabredeten uns für den nächsten Abend im Mirador, aber ich hatte irgendwie das Gefühl, dass sie nicht kommen würde.

Party mit Jaini

Doch als ich am nächsten Abend am Strand wieder Richtung Mirador schlenderte, tauchte sie tatsächlich mit einer Freundin auf.

Ich war ziemlich geschafft von der Nacht zuvor und hätte mich gut in eine Ecke setzen und einfach ein paar Bierchen trinken können – aber Hinsetzen ist keine Option, wenn du mit einer Kolumbianerin auf einer Party bist. Also rauf auf die Tanzfläche und wieder mit Jaini getanzt. Die Musik war so lala, Reggaeton, schlechter Electro und dann auch noch Salsa, wobei ich mich mangels dazu passenden Tanzkünsten regelmäßig blamiere. Ich wäre am liebsten von der Tanzfläche geflüchtet, aber wie gesagt: Hinsetzen ist keine Option mit einer Kolumbianerin. Also gab ich mein Bestes, machte mich wieder einmal zum Löffel und hoffte, dass ich einen gewissen Gringo-Bonus hatte.

Zum Glück dauerte es nicht lange, dann wurde wieder Reggaeton gespielt. Das Körper-an-Körper-Spiel, das in Südamerika dazu üblich ist, liegt mir wesentlich besser und ich spielte es gerne mit. Gegen 2:00 Uhr war Schluss im Mirador, Jainis Freundin hatte einen Franzosen aufgegabelt und wir haben uns zu viert an den Strand gesetzt. Ich versuchte, meinen ganzen Charme einzusetzen, aber irgendwie wollte sich Jaini nicht davon überzeugen lassen, in meinem Hotel zu übernachten. Als sie nach Hause wollte, begleitete ich sie wieder ein Stück und sagte ihr, dass ich am nächsten Tag weiterfahren würde. Sie war ziemlich traurig, ich brachte nochmal alles an Argumenten, warum es eine gute Idee wäre mit ins Hotel zu kommen, aber keine Chance. Wir verabschiedeten uns mit einem langen Kuss, ich sagte ihr, dass ich in einem Jahr vielleicht wieder in Taganga aufschlagen würde, dann verschwand sie in der Nacht.

Abschied von Taganga – auf nach Cartagena

Johannes und ich hatten nun fast zwei Wochen in der Gegend um Santa Marta und Taganga verbracht und wir hatten dort eine super Zeit. Tayrona und die Ciudad Perdida waren richtig gute Touren und Taganga selbst ist einfach ein sehr entspanntes Örtchen. Ich hatte es 2008 geliebt und liebte es vier Jahre später immer noch. Nun war es aber an der Zeit, Taganga hinter uns zu lassen und wir machten uns auf den Weg nach Cartagena.

Nach vier Stunden Busfahrt kamen wir an, auch in Cartagena war ich 2008 schon einmal gewesen. Diesmal machte ich jedoch nicht wieder den Fehler, mich in der Neustadt einzuquartieren, sondern reservierte uns ein Hostel mitten in der historischen Altstadt.

Die Festung von Cartagena mit Johannes und Mona

Am nächsten Tag schauten Johannes und ich uns die Stadt an. Ich hatte das Gefühl, alles war viel touristischer und teurer geworden als bei meinem letzten Besuch 2008. In der Altstadt gab es nun fast ausschließlich Schickimicki-Restaurants zu unbezahlbaren Preisen. Ich fand Cartagena nach wie vor wunderschön, hatte aber das Gefühl, dass es nicht mehr so entspannt dort zuging wie noch ein paar Jahre zuvor.

Straßen und Gassen …

… in Cartagena

Kutsche in Cartagena

Gegen Nachmittag machten wir uns auf den Weg zur Festung San Felipe, die im 16. Jahrhundert zum Schutz vor Piraten errichtet wurde. Ich kannte sie zwar schon, aber Johannes noch nicht. Außerdem wollte ich aus Sentimentalitäts-gründen auch gerne nochmal dorthin. Als wir auf der Festung ankamen, fing es plötzlich ziemlich heftig an zu regnen. Wir warteten unter einer Überdachung und lernten dort eine Deutsche namens Mona kennen. Sie hatte im Jahr zuvor ein Schuljahr in Kolumbien verbracht und reiste nun ein bisschen herum. Als der Regen nachließ, schauten wir uns die Festung zusammen an. Danach setz-ten wir uns zu dritt auf die Stadtmauer und quatschten, bis die Sonne wunder-schön über dem Meer unterging. Johannes und ich bekamen Lust auf Party, ein Dienstagabend ist zwar nirgendwo auf der Welt eine gute Partyzeit, aber wir wollten es versuchen. Mona wollte leider nicht mehr mit und verabschiedete sich.

Blick von der Festung über Cartagena

Blick von der Festung über Cartagena

In dem ersten Laden, in dem wir landeten, waren offensichtlich ausschließlich Frauen unterwegs, die man bezahlen musste für das, was sie so taten. Wir flüchteten schnell wieder, doch auf der Straße wurden wir plötzlich von zwei Polizisten auf einem Moped angehalten. Wir sollten uns wie Schwerverbrecher an eine Wand stellen, Hände nach vorne und Beine auseinander. Dann wurden wir durchsucht, offensichtlich nach Drogen. Unsere Taschen und Portemonnaies wurden komplett gefilzt, mein Portemonnaie sogar zweimal, denn anscheinend wollten die beiden nicht wahr haben, dass sie bei uns nichts finden konnten.

Abendstimmung

Bei solchen Aktionen geht es nur um Geld. Wenn etwas gefunden wird, müssen Scheine rüber geschoben werden oder es wird ungemütlich. Vor allem kann man kann sich dabei nie sicher sein, ob einem nicht einfach etwas untergeschoben wird. Die beiden fanden nichts, wir durften weiter, doch zwei Straßen weiter wieder das gleiche: Polizeimoped, zwei Polizisten, Durchsuchung, nichts gefunden, weiter. Inzwischen kam es mir vor, als würde regelrecht Jagd auf uns gemacht, denn die Mopeds drehten pausenlos ihre Runden, um Ausschau nach Touristen zu halten. Wir sahen zu, dass wir bisschen aus der Tourizone rauskamen, um etwas mehr Ruhe zu haben. Aber zweimal erwischte es uns noch, immer wieder das gleiche Spiel: an die Wand stellen, durchsuchen lassen, enttäuschte Blicke, und weiter.

Durch Zufall trafen wir eine Polin, die wir noch aus unserem Guesthouse in Taganga kannten. Sie schleppte uns in eine Kneipe mit einer kleinen Tanzfläche und es wurde noch ein ganz lustiger Abend, wenn auch nicht wirklich die richtig dicke Party, die ich mir vorgestellt hatte. Gegen drei Uhr machte die Kneipe dicht und wir uns auf den Nachhauseweg.

Kurz vor unserem Hotel hörte ich wieder ein Mopedgeräusch – na klar – wieder Durchsuchung. Nichts gefunden, aber inzwischen schon das fünfte Mal in dieser Nacht. Das war nun nicht mehr lustig, den inzwischen kamen wir uns vor wie Freiwild, das in den Straßen von Cartagena nach Belieben gejagt werden durfte.

Chilliger Abschiedstag von Cartagena

An unserem letzten Tag in Cartagena unternahmen wir nicht viel. Johannes und ich waren vom Feiern angeschlagen und so machten wir uns einen entspannten Tag vor dem Fernseher im Hostel.

Am nächsten Morgen, es war auf unserer Reise inzwischen der 22. August, sollte es schon in der Früh mit dem Bus weiter nach Turbo gehen. Die Fahrt würde wohl bis abends dauern. Wir mussten auf jeden Fall innerhalb der nächsten vier Tage über die Grenze nach Panama kommen, weil dann unser Flug nach Panama--Stadt ging.

Gelandet im etwas heruntergekommenen Turbo

Um 7:00 Uhr morgens starteten Johannes und ich Richtung Turbo. Als Erstes ging es mit dem Bus nach Montería. Abenteuerlich an dieser Fahrt war vor allem die Klimaanlage: Der Fahrer schien Eiswürfel im Bus herstellen zu wollen, auf jeden Fall bibberten wir vor Kälte. Der einzige ungekühlte Ort, an dem man sich zwischendurch mal aufwärmen konnte, war das Busklo.

Unterwegs lernten wir eine kleine Familie kennen: eine ganz junge Mutter mit ihrer sechs Monate alten Tochter, ihren Mann und die Großmutter. Sie wollten auch nach Turbo und empfahlen uns, von Montería aus ein Sammeltaxi zu nehmen, weil die Straße sehr holprig sei und die Busse häufig liegenbleiben.

So landeten wir mit den vieren in einem sperrigen Jeep, der uns weiter nach Turbo brachte. Die kleine Tochter hieß Nicole und war die meiste Zeit über total ruhig. Ich war immer wieder erstaunt, wie entspannt kleine Kinder in Südamerika doch solche Touren mitmachten, in Deutschland würde nach fünf Minuten ohne Bespaßung gleich ein Riesengeschrei losgehen. Hier müssen die Kinder sich den Gegebenheiten anpassen, werden nicht den ganzen Tag lang gehätschelt und getätschelt und trotzdem funktioniert es.

Auf jeden Fall war es ein Glück, dass wir das Taxi genommen hatten, denn die Straße konnte man kaum als solche bezeichnen. Sie bestand aus Schlamm und tiefen Löchern, ganze Gebirgszüge und Täler zogen sich hindurch. Nach vier Stunden Holperpiste kamen wir endlich in Turbo an.

Seltsame Stimmung in Turbo

Hier mussten wir eine Nacht bleiben, erst am nächsten Tag in der Früh sollte es weiter mit dem Boot nach Capurganá gehen, unserem letzten Stopp in Kolumbien kurz vor der Grenze nach Panama. Turbo war ziemlich laut, die Leute durch die Bank weg unfreundlich und wir wurden von allen Seiten schräg angeschaut. So richtig geheuer war mir der Ort nicht. Ich hatte außer uns bis jetzt noch keine Ausländer gesehen und im Reiseführer stand, dass man nachts nicht auf die Straße gehen sollte. Außer zum Essen taten wir das auch nicht. Wir hatten ein ganz nettes Hotelzimmer und entspannten uns einfach.

Capurganá – Leben in halber Geschwindigkeit

Bereits morgens setzten wir mit dem Speedboot nach Capurganá über. Das Boot gab wirklich Gas: Zum Glück war die See recht ruhig, sonst wären unsere Hintern echt ramponiert gewesen. Bei jeder kleinen Welle gab es einen ordentlichen Schlag von unten, aber bei dem ruhigen Wetter war es auszuhalten.

Mit dem Boot nach Capurganá

In Capurganá mieteten wir ein günstiges Doppelzimmer für 13000 Pesos (sechs Euro) pro Person direkt am Meer. Das Zimmer selbst war zwar etwas schmuddelig, aber auf dem Balkon gab es Hängematten mit Meerblick. Wir schienen etwas außerhalb der Saison angekommen zu sein, denn es kam mir vor, als gäbe es mehr Hotels als Touristen im Ort.

Balkon mit Meerblick

Von Capurganá war ich anfangs etwas enttäuscht. Ich hatte mir einen Traumstrand ähnlich wie in Tayrona vorgestellt. Der Sandstrand, den es gab, war aber nur durchschnittlich und außerdem ziemlich winzig. Es dauerte ein Weilchen, bis wir uns auf die Langsamkeit des Ortes einlassen konnten, es gab nicht mal Autos, nur Pferdekutschen. Hatte man sich aber erst einmal daran gewöhnt, so hatte die unaufgeregte Langsamkeit auch etwas sehr Entspannendes. Die Leute schienen nicht viel zu tun, saßen gern vor ihren Häusern, hörten Musik und quatschten.

Fußballplatz

An unserem zweiten Tag in Capurganá mieteten Johannes und ich uns zwei Pferde. Der Spaß war extrem günstig: Für 20000 Pesos (neun Euro) pro Pferd konnten wir den ganzen Tag komplett ohne Führer reiten, wohin wir wollten. Als wir auf den Gäulen saßen, wurde uns aber schnell klar, dass das nicht die schnellsten Rennpferde Kolumbiens waren. Selbst wenn man ihnen ununterbrochen die Hacken in die Lenden rammte, waren sie nicht zum Traben zu bewegen.

Gasse in Capurganá

Wir wollten uns das kleine Dschungelörtchen El Cielo anschauen und ritten dorthin. Zu Fuß wären wir ehrlich gesagt schneller gewesen. Das Ganze wurde eher ein Spazierritt, der der Langsamkeit von Carpuganá entsprach. Aber es war genau wie beim Örtchen: Wenn man sich einmal darauf eingelassen hatte, war es wunderbar, in aller Ruhe die Natur zu genießen.

El Cielo war ganz nett, aber nachdem wir schon tagelang durch tiefsten Dschungel zur Ciudad Perdida gewandert waren, hat es uns nicht mehr so richtig vom Hocker gehauen. Auf dem Rückweg gaben die Pferde plötzlich so richtig Gas. Den heiß ersehnten Stall vor Augen ließen sie sich sogar zum Traben bewegen.

Cockpitview vom Pferd aus

Wir hätten die beiden zwar theoretisch den ganzen Tag behalten dürfen, aber eigentlich konnten wir nirgendwo anderes mehr hinreiten, denn in den Straßen von Capurganá waren Pferde verboten und der einzige verbliebene Weg führte nach Darien in Panama – über die Grenze direkt auf dem nächsten Hügel. Dort hatten sich kolumbianische Guerilla-Kämpfer im Dschungel verschanzt, um vor der hiesigen Armee sicher zu sein, also nicht der beste Ort für einen Ausritt.

Boote im knallblauen Meer

Wir legten uns lieber an den Strand und entspannten. Als wir später am Dorfplatz vorbeikamen sahen wir, dass dort inzwischen ein „Spitzenspiel" zwischen zwei Fußballmannschaften von Capurganá stattfand. Der Platz glich einem Kartoffelacker, aber das ganze Dorf war auf den Beinen und versammelte sich in den Kneipen am Rand. Es wurde kräftig Bier getrunken und die Einheimischen nahmen das Gebolze sichtlich ernst. Lustigerweise trugen die ortsansässigen Mannschaften Trikots von europäischen Teams wie Bayern und Chelsea.

Ein Spitzenspiel

Am nächsten Morgen sollte es mit dem Boot über die Grenze nach Panama gehen, von dort aus ging unser Flug nach Panama City. Der Lonely Planet riet zwar von der Grenzüberquerung hier wegen Guerilla-Aktivitäten ab, aber es fuhren jeden Tag Boote und so schien es kein akutes Problem zu sein.

Panama

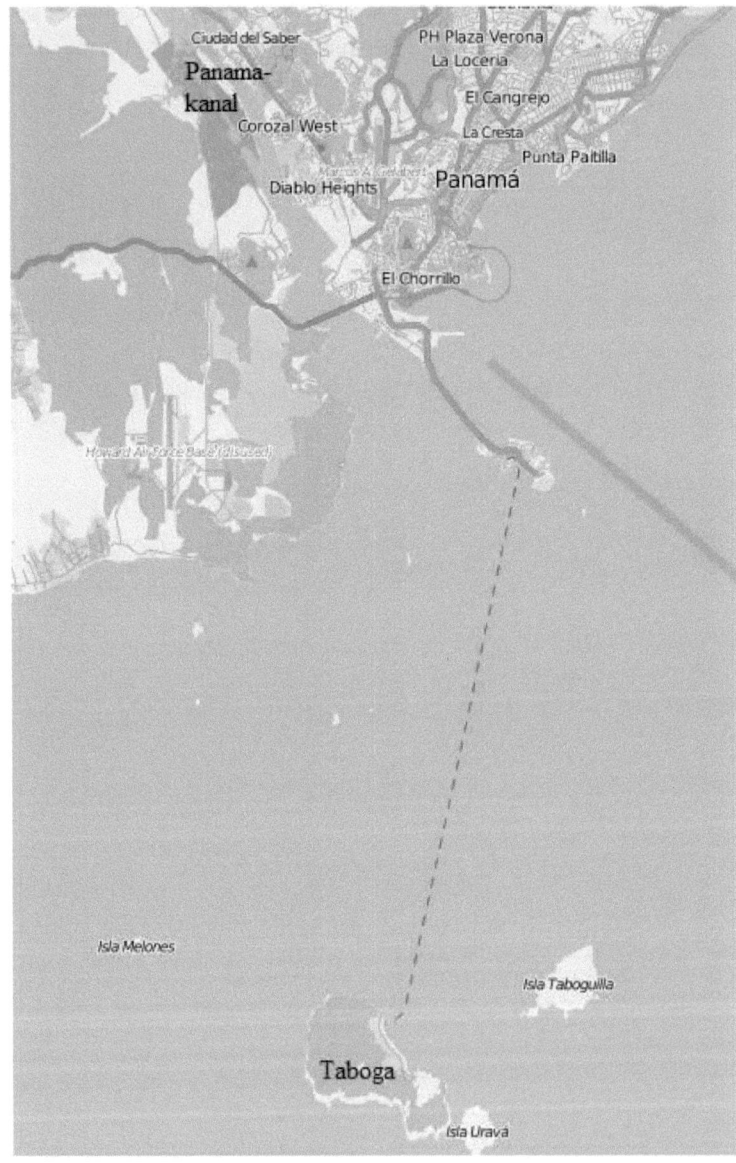

Was für ein Tag ... morgens um 7:30 Uhr fuhren wir von Capurganá aus mit einem kleinen Boot über die Grenze nach Panama. Das Boot war völlig überladen und senkte sich bedrohlich nah an die Wasseroberfläche heran, kam aber dann doch heil an.

Mit dem Boot nach Panama

Das Örtchen hinter der Grenze in Panama hieß <u>Puerto Obaldia</u>. Von dort aus hatten wir einen Flug für 11:30 Uhr gebucht, der uns nach Panama City bringen sollte. Aber erst einmal hieß es: Grenzprozedere.

An den meisten lateinamerikanischen Grenzen gibt es einen Stempel in den Pass und fertig, aber nicht so auf dem Weg von Kolumbien nach Panama.

Nachdem unser Gepäck vom Drogenhund beschnüffelt und für gut befunden wurde, ging es zum Immigrationsbüro, besser gesagt zur Immigrationsbaracke. Der gute Mann mit dem Stempel arbeitete dort in aller Seelenruhe nacheinander die Wartenden ab und nahm sich viiieeeel Zeit für jeden einzelnen. Eigentlich hatte er bei jedem etwas an den Papieren auszusetzen, sodass es nochmal viiieeeel länger dauerte als ohnehin schon.

Gepäckkontrolle

Inzwischen war es 9:00 Uhr. Ein deutsches Pärchen vor uns musste einen Flug um 9:45 erwischen, für den sie eine Reservierung, aber noch keine Buchung hatten, doch das beschleunigte das Prozedere keineswegs. Im Gegenteil, als die beiden dran waren, wurde ihnen – und uns – offenbart, dass wir nicht nur unseren Pass, sondern auch drei Kopien davon bei uns haben mussten. In der Immigrationsbaracke gab es keinen Kopierer und man schickte uns zum einzigen Copyshop im Ort. Dieser war ein kleines, stickiges Kabuff, zum Glück gleich um die Ecke. Wir gaben unsere Pässe dort ab, dann ließ sich die „freundliche" Mitarbeiterin viiieeeel Zeit für die Kopien. Wir hatten zwar noch zwei Stunden Luft, aber so langsam wurde mir klar, dass wir die auch brauchen würden. Die beiden anderen Deutschen bekamen ihre Pässe kopiert, aber als wir an der Reihe waren, war plötzlich die Druckerpatrone leer. Eine neue war natürlich nicht vor Ort und sie im Dorf zu besorgen, brauchte viiieeeeel Zeit.

Viiieeeeel Zeit im Immigrationsbüro

Ich rannte durch die Gegend, um eine andere Druckmöglichkeit zu finden, aber hatte keinen Erfolg. Das einzige Internetcafé, das es mal gab, sah aus, als wäre es schon vor langer Zeit geschlossen worden. Dann wurde im Copyshop doch noch eine Druckerpatrone aufgetrieben und wir hielten schließlich unsere Kopien in der Hand. Wieder zurück im Immigrationsbüro mussten wir warten, warten und warten. Ich war mir sicher, dass uns immer noch irgendwelche Unterlagen fehlten. Doch als wir drankamen, mussten wir als Beweis für unsere Finanzkraft nur noch unsere Visa-Karten präsentieren, dann war es endlich geschafft.

Wir trafen die beiden Deutschen wieder, die die Grenzüberquerung auch geschafft hatten, aber feststellen mussten, dass im Büro der Fluggesellschaft keiner etwas von ihrer Reservierung wusste und das Flugzeug komplett ausgebucht war. Ich rechnete nicht wirklich damit, an diesem Tag noch in irgendeiner Maschine zu sitzen.

Als wir im „Büro" von Air Panama ankamen, konnte ich mir nur schwer vorstellen, dass Onlinereservierungen bis dorthin durchdringen würden. Draußen stand „Bäckerei" angeschrieben und man konnte nicht wirklich erkennen, ob Air Panama sich den Raum mit der Bäckerei teilte oder diese nur daneben lag. Ein Computer war weit und breit nicht zu sehen und Gepäck sowie Passagiere wurden mit einer alten Kartoffelwaage abgewogen.

Bäckerei mit Flugabfertigung

Ab auf die Kartoffelwaage

Ein Typ fragte uns nach unseren Namen und als wir sie nannten, schien man überraschenderweise von uns zu wissen. Das reichte als Eintrittskarte, keiner wollte unseren Pass oder unser Flugticket sehen. Wir mussten samt Gepäck auf die Kartoffelwaage, dann war alles bereit für den Flug und es ging direkt ab zur Startbahn. Bald landete unsere Maschine, eine kleine Klapperkiste mit acht Sitzplätzen. Wir stiegen ein, schnallten uns an, ein Soldat wünschte uns noch viel Glück, ein kolumbianischer Passagier bekreuzigte sich, und dann hoben wir ab. In der Luft machte das Maschinchen dann doch einen recht vertrauenswürdigen Eindruck und wir konnten einen wunderschönen Blick über den Dschungel genießen. Wir flogen über die Küste, die Inseln, den Regenwald, schließlich über Panama City. Nach einer Stunde landeten wir dort.

Flug über den Dschungel von Panama

Panama City von oben

Unsere Maschine landet.

Wir hatten es geschafft! Zumindest dachten wir das. Am Flughafen angekommen nahm man uns die Pässe ab. Ok, vielleicht ein kurzer Check, dachten wir, das Grenzprozedere hatten wir ja schon hinter uns. Alle Passagiere aus unserer Maschine und einer zweiten wurden in einen kahlen, neonbeleuchteten Warteraum mit viel zu wenigen Stühlen gesteckt, wo wir warten mussten. Ab und zu wurde einer der Passagiere ins Büro gebeten, kam nach Ewigkeiten wieder heraus, dann hieß es weiter warten. Was sollte das? Was hatten wir getan? Wir wurden unruhig und fragten nach, wo unsere Pässe blieben, aber man machte uns deutlich, dass wir weiter warten sollten. Also warteten wir – eine Stunde lang.

Dann wurden wir ins Immigrationsbüro gerufen. Wir sollten unsere Berufe angeben, es wurde ein Formular ausgefüllt, dann bat man uns – wir ahnten es schon – weiter zu warten. Wir sahen, wie Mitarbeiter mit dem Stapel Pässe von Raum zu Raum liefen, irgendwelche Formulare ausfüllten, Kopien anfertigten, dann mit den Kopien wieder in andere Räume liefen und auf Nachfrage immer nur sagen konnten, dass wir doch bitte WARTEN sollten.

Inzwischen hatten wir einen Bärenhunger und wollten nur noch raus aus diesem kahlen Warteraum. Nach geschlagenen zweieinhalb Stunden bekamen wir endlich unsere Pässe in die Hand gedrückt, ich rechnete schon mit der nächsten

Schikane, doch überraschenderweise durften wir nun wirklich den Flughafen verlassen. Raus in die Freiheit. Wir waren in <u>Panama</u>!

Wir schnappten uns ein Taxi, ließen uns zum <u>Hostel Magnolia</u> fahren, das uns in Capurganá empfohlen worden war, checkten ein und waren überwältigt. Für ein Hostel war dort der reinste Luxus ausgebrochen. Es sah aus wie in einem schicken Hotel, alles war neu und sauber, die Betten rochen frisch und es gab eine perfekte Küche zum Kochen. Wir waren glücklich! Nach den Entbehrungen der letzten Tage, unzähligen Mittagessen bestehend aus trockenem Reis und labbrigen Kartoffelstäbchen, die Pommes darstellen sollten, sehnten wir uns danach, es uns mal richtig gut gehen zu lassen.

Wir liefen in die Stadt, aßen riesige Burger mit knackigen Fritten, schlürften teuren Spitzenkaffee und schlenderten herum. Panama City überraschte mich überaus positiv. Die Skyline war unglaublich und erinnerte beinahe an Manhattan. In unserem Viertel „<u>Casco Viejo</u>" war die Architektur sehr ansehnlich, es gab schicke Restaurants und irgendwie mutete alles etwas amerikanisch an.

Beeindruckende Skyline

Zum Ende unserer Reise wollten wir uns etwas Luxus gönnen und dafür schien Panama City genau der richtige Ort zu sein.

Nach dem wilden Ritt, der hinter uns lag, hatten wir uns das auf jeden Fall verdient.

In unserem Hostel-Zimmer war auch eine Amerikanerin namens Sally untergebracht. Mit ihr zogen wir abends ein bisschen um die Häuser: Zuerst ließen wir uns mit dem Taxi in die Zona Vida fahren, das Partyviertel der Stadt. Allerdings hatten an einem Sonntagabend nur zwei Läden auf, die echt schäbig aussahen.

Also zogen wir weiter zur Calle Uruguay, der schickeren Kneipenstraße. So richtig viel war dort aber auch nicht los und als uns das Bier zu teuer wurde, beschlossen wir, uns lieber zwei Sixpacks zu kaufen und zurück ins Hostel zu fahren. Wir fragten einen Taxifahrer, ob er einen Spätshop in der Nähe unseres Hostels kennen würde und schon ging es los.

Der Fahrer brachte uns mitten in den Chorillo, das Slum-Viertel, das so gefährlich ist, dass man ständig davor gewarnt wird. Aber er fand dort wirklich einen Shop: eine vergitterte Tür, hinter der ein Verkäufer stand, auf der Straße ringsum trieben sich finster ausschauende Gestalten herum. Als ich die Taxitür öffnen wollte, hielt mich der Fahrer zurück. Ich sollte nur das Fenster einen Spalt öffnen, Aussteigen wäre keine gute Idee. Ein besoffener Typ kam ans Fenster, wir sagten, dass wir zwei Sixpacks haben wollten, er ging zum Gitter und ließ sie sich herausreichen. Währenddessen kam ein anderer Typ auf unser Taxi zugesprungen und fuchtelte wie wild mit einem Tennisschläger herum. Erst dachte ich, er würde damit gleich auf das Taxi einschlagen, aber es stellte sich heraus, dass er das Teil nur verkaufen wollte. Ich denke mal, es war irgendwoher geklaut.

Der Taxifahrer fragte, ob wir ihm den Fahrpreis in Höhe von fünf Dollar sofort geben könnten. Ich wusste nicht recht, was das sollte, und hatte Angst, dass er uns hier einfach auf die Straße setzen wollte. Johannes gab ihm das Geld, dann wurde klar, wofür er es brauchte. Er schob es dem Tennisschlägertypen durchs Fenster, holte den Schläger ins Auto, grinste und sagte: „For my Kids!"

Inzwischen wurde die Bierlieferung heil ans Fenster gebracht. Wir schoben das Geld durch den offenen Spalt, kurbelten das Fenster schließlich ganz runter und bekamen unsere zwei Sixpacks. Der Taxifahrer brachte uns sicher zum Hostel, doch mir ging noch eine ganze Weile die Pumpe.

Unter so viel Adrenalin hatte ich das letzte Mal Bier gekauft, als ich noch Angst vor der Ausweiskontrolle haben musste.

Wir ließen uns unsere abenteuerlich erstandenen Biere dann verdienterweise auf dem Balkon schmecken und fielen irgendwann gegen 4:00 Uhr ins Bett.

Wir sind Panamakanal-Fans!

Am folgenden Tag wurden Johannes und ich zu echten Fans des Panamakanals! Eigentlich hatten wir nicht allzu viel erwartet, als wir zu den Schleusen in Miraflores fuhren. Andere Reisende hatten uns gesagt, dass das eigentlich nicht so das große Ding wäre. Aber wie so oft, wenn man mit etwas völlig Unspektakulärem rechnet, wurden wir sehr positiv überrascht.

Von der Aussichtsplattform in Miraflores aus konnten wir sehen, wie die Schiffe durch die Schleusen gehoben werden. Wir waren wirklich ganz nah dran und konnten das Prozedere hautnah miterleben. Weil der Panamakanal nicht auf Meereshöhe gebaut wurde, sondern 26 Meter darüber, müssen durchquerende Schiffe in mehreren Schleusen auf diese Höhe angehoben werden. Die Schleusen sind 33,5 Meter breit und die großen Frachtschiffe werden exakt so gebaut, dass sie gerade so durch den Panamakanal passen.

Enge Sache im Panamakanal

Während der Durchquerung werden die Schiffe links und rechts mit Seilen stabilisiert, um in der Spur zu bleiben, dann schieben sie sich langsam vorwärts. Trotzdem passiert es öfters, dass sie an den Schleusenwänden anstoßen, was dann deutliche Schleifspuren hinterlässt. Die Durchquerung des gesamten Kanals dauert acht bis zehn Stunden und kostet, je nach Größe des Schiffes, bis zu 400.000 Dollar.

Am Kanal gibt es ein Museum, das mit viel Mühe und Liebe aufgebaut wurde. Das absolute Highlight darin war die Nachbildung der Brücke eines Frachtschiffs mit Monitoren als Fenster, auf denen man die Durchquerung des Kanals im als Simulation miterleben konnte. Man fühlte sich wirklich, als säße man im Schiff, es gab ein Steuerrad und allerlei Hebel und Knöpfe, die verschiedene Geräusche auslösten, wie zum Beispiel den eines lauten Horns. Jeder, der hereinkam, war sofort hellauf begeistert. Man konnte erwachsene Männer dabei beobachten, wie sie mit breitem Grinsen im Gesicht wie kleine Kinder Schiffsführer spielten und von der Brücke aus Kommandos in Funkgerät bellten.

Ich kann es nur nochmal wiederholen: Wir waren sofort absolute Panamakanal-Fans!

Selbst funken im Panamakanal-Museum ...

... und selbst steuern.

Jukebox-Party

Außer der Amerikanerin Sally wohnte in unserem Hostel-Dorm noch ein Australier namens Ben. Am Abend wollten wir alle gemeinsam ein paar Bierchen trinken. Ben schleppte uns in eine kleine, heruntergekommene Bar, wo außer uns nur ein paar Leute aus Panama rumhingen. Dort war das Bier unschlagbar günstig, mit einem Dollar pro Flasche war man dabei.

Ben sorgte mit australischem Trink-Animationstalent dafür, dass wir uns größere Mengen Bier in atemberaubender Geschwindigkeit einverleibten und so waren wir nach kurzer Zeit schon ganz gut bedient. In dem Laden hing eine Jukebox, aus der, bevor wir aufgetaucht waren, nur Salsa und Co dröhnte. Die Stimmung war nicht gerade am Überkochen. Doch dann warf DJ Johannes Geld ein und legte Billie Jean von Michael Jackson auf. Zuerst schauten die übrigen Gäste etwas irritiert, dann waren sie ganz angetan und tanzten sogar ein wenig dazu.

Das Highlight war aber der nächste Song. Johannes warf die nächste Münze in die Box und spielte Stayin' Alive von den Bee Gees. Dann stellte er sich mitten in den Laden, riss die Arme hoch und fing an wie wild abzusteppen. Ben und ich stießen dazu, wir zogen die Einheimischen von ihren Sitzen hoch und rockten die Kneipe in Grund und Boden. Am Ende jubelten uns alle zu und applaudierten, wir waren die Stars des Abends! Auf der Höhe unseres Ruhmes verabschiedeten wir uns und zogen weiter.

Ben war echt ein guter Partyführer, wir landeten noch auf einer Dachterrasse mit herrlichem Ausblick auf die Skyline von Panama City und in der Bar eines Partyhostels. Johannes und ich erzählten ein paar Travellern, dass ich aus Panama sei, aber eine Weile in Deutschland gelebt hätte. Wir zogen die Nummer eine Stunde lang durch und sie glaubten die Geschichte tatsächlich, mein holpriges Spanisch schien dafür auf jeden Fall zu reichen. Als die Bar dicht machte, stolperten wir zurück in unser Hostel.

Ich liebe Panama!

Am nächsten Tag waren wir ziemlich lädiert von der Nacht davor, aber gegen Nachmittag konnten Johannes und ich uns schließlich aufraffen, etwas durch die Stadt zu streifen. Wir wohnten im schicken Regierungsbezirk Casco Viejo, aber gleich um die Ecke lag das Viertel Santa Ana, wo es etwas authentischer zugehen sollte.

Der schicke Bezirk Casco Viejo von Weitem.

Wir liefen dorthin und waren auf einmal die einzigen Touristen weit und breit. Die Straße war gesäumt von kleinen Straßenständen, an denen man von Werkzeug bis zu Früchten alles kaufen konnte. Panama City ist einfach eine Stadt mit unglaublichen Gegensätzen. Die Welt, durch die wir an diesem Tag liefen, hatte nichts zu tun mit den glattpolierten Wolkenkratzern im Business-District. Ich liebe Orte, an denen Gegensätze aufeinanderprallen, und ich liebe Panama City. Weil es dort kaum Touristen gibt, strahlt die Stadt eine entspannte Normalität aus, in die man sich wunderbar einsaugen lassen kann.

Schade, dass wir nicht mehr Zeit hatten, ich hätte gerne viel mehr von Panama kennengelernt und gesehen. Doch uns stand bereits der vorletzte Tag unserer Reise bevor.

Ausflug zur Insel Taboga

Den nutzten wir für einen Ausflug zur Insel <u>Taboga</u>, die circa 20 Kilometer vor Panama City im Pazifik liegt. Eigentlich hatte ich uns zuerst den ganzen Tag faul am Strand liegen sehen, aber plötzlich faselte Johannes irgendwas von „Wandern". Ich nahm das erst nicht wirklich ernst, musste aber bald feststellen, dass ich ihn nicht mehr davon abbringen konnte.

Ankunft auf der Insel

Ich gab mich geschlagen. Es dauerte zwar etwas, bis ich mich damit anfreunden konnte, aber alles in allem war es keine schlechte Idee, denn allzu viel konnte man auf Taboga nicht unternehmen. Der Strand war außerdem nicht so umwerfend, dass ich dort den ganzen Tag hätte liegen müssen.

Wir wanderten zu einem Hügel, von dem aus man einen fantastischen Blick über die Insel hatte. Dort sollte es eigentlich alte Bunker aus dem Zweiten Weltkrieg geben. Wir stolperten in sengender Hitze herum, suchten und suchten, aber von den Bunkern war weit und breit nichts zu sehen. Ich vermute, dass sie inzwischen mit Pflanzen zugewachsen waren.

Blick über Taboga

Wir sonnten uns noch ein bisschen ans Meer – das letzte Mal, bevor es zurück nach Deutschland ging. Unsere Reise neigte sich ihrem Ende zu.

Ich fragte mich, wann meine Füße wieder ihren Normalzustand erreicht haben würden: Es war unglaublich, aber selbst zehn Tage nach der Dschungel-Tour zur Ciudad Perdida war mein linkes Fußgelenk immer noch leicht angeschwollen und die Wunden nicht komplett verheilt.

Es ist vorbei

Am letzten Morgen kurz vor dem Abflug saß ich auf dem Hostelsofa und realisierte so langsam, dass mein Auftritt in Südamerika in vier Stunden vorbei sein würde.

Es war einfach eine fantastische Reise. Bei manchen anderen Trips war ich so schnell durch die Länder gerast, dass ich am Ende das Gefühl hatte, alles sei wie in einem Rausch an mir vorbeigezogen. Diesmal war die Reisegeschwindigkeit perfekt gewesen, wir hatten viel erlebt und uns trotzdem genug Zeit gelassen, um an den verschiedenen Orten richtig anzukommen. In diesem Moment kam es mir vor, als wäre ich richtig lange unterwegs gewesen, obwohl eigentlich nur ein Monat vergangen war.

Am meisten überrascht an dieser Reise hatte mich Panama. Auch wenn ich bisher nur Panama City kennen lernen konnte, hatte ich mich schon in das Land verliebt und wollte auf jeden Fall wiederkommen. Vielleicht sogar um eine Weile dort zu leben.

Mal schauen, was die Zukunft bringt.